Monic
Richard
**La face
cachée du
portrait**
Astuces et
secrets

Textes de Sophie Massé

Flammarion
Québec

Catalogage avant publication de Bibliothèque et Archives
nationales du Québec et Bibliothèque et Archives Canada

Richard, Monic
La face cachée du portrait : astuces et secrets
ISBN 978-2-89077-331-8
1. Portraits (Photographie). 2. Photographie.
I. Massé, Sophie. II. Titre.
TR575.R52 2007   778.9'2   C2007-941828-7

Design : Paprika.com

ISBN 978-2-89077-331-8
Dépôt légal : 4ᵉ trimestre 2007
Imprimé au Canada

www.monicrichard.com   www.flammarion.qc.ca

La face cachée du portrait

J'ai retrouvé il n'y a pas si longtemps une photo de moi à cinq ans. Je suis debout devant un groupe de mes oncles et tantes en train de les photographier. Toute petite, j'aimais déjà la photo. La photo faite simplement, comme un jeu, sans affectation, sans gravité. Je l'aime encore de cette même façon aujourd'hui. Je crois que c'est d'abord pour cette raison que le numérique et moi, on s'entend si bien, malgré mes grandes réserves du début. Le numérique nous simplifie la photographie et celle-ci descend, à son bras, de son piédestal. Manquer une image n'a plus grande importance à l'ère numérique ; on ne paie pas pour faire développer ses erreurs. Si l'on n'aime pas une photo, on la jette. Sans rancune. Il y a longtemps qu'il n'y a pas eu un aussi bon moment pour commencer ou recommencer à faire de la photo.

Il n'y a pas qu'une Monic Richard, mais deux. La photographe du lundi au vendredi, concentrée et rigoureuse, qui travaille souvent sous pression, avec des contraintes très précises. Cette photographe a un équipement sophistiqué, surtout parce que les exigences techniques de l'impression photo en magazine ou sur des supports publicitaires ne tolèrent aucun faux pas ni aucune approximation. La photographe que je suis au travail a des exigences de perfection très élevées, trop sans doute. Je crois bien avoir réussi, dans l'ensemble de ma carrière, dix photos, tout au plus. L'autre Monic, la photographe de fin de semaine, est la jumelle contestataire de la première. Elle utilise des appareils photo simples : un compact 2 mégapixels avec zoom 3x – ça n'existe même plus – et un compact 6 mégapixels avec zoom 10x. Ces appareils pas compliqués m'enlèvent un immense fardeau à l'heure de m'amuser. La photographe que je suis en dehors des heures de travail se permet aussi de rater des photos. En cachette, autant que possible. Le goût du risque prend alors le pas sur la concentration et le souci du détail qui me servent dans mon métier. C'est un peu la première et beaucoup la deuxième Monic Richard qui ont écrit ce livre.

Je pense qu'on contrôle bien peu de choses en photo : la lumière va et vient chaque jour sans nous demander notre avis et les objets se placent comme ils veulent dans le paysage. Les gens, quant à eux, se méfient le plus souvent de l'appareil photo et une poignée de téméraires s'avouent à l'aise devant l'objectif. Cette dernière observation complique à coup sûr le travail du portraitiste. Le seul conseil valable : sachez vous adapter. Tout le reste des techniques en est un dérivé.

Ma méthode est donc d'une grande simplicité. Ce livre ne donne pas de leçons et ne s'embourbe pas dans des explications techniques compliquées. Il existe déjà tant d'ouvrages sur les sujets les plus pointus de la photo. Ce livre-ci se présente plutôt comme une conversation informelle entre vous et moi, à l'image des discussions que j'ai souvent avec des amis qui, comme tout le monde, se demandent comment faire des photos à midi ou à contre-jour, de quelle façon travailler sans flash ou comment classer et conserver leurs photos. Ce dernier sujet a été, pendant longtemps, ma bête noire : si le numérique nous a facilité la prise de vue, il nous a du même coup compliqué la conservation des images. Au train où vont les choses, une génération complète de gens n'aura pas de photos d'enfance dans ses tiroirs. J'espère donc que notre conversation vous donnera aussi envie d'imprimer vos photos, de les monter dans des albums et de les conserver.

Quand j'ai commencé en photo, j'aurais voulu qu'un des portraitistes dont je suivais la carrière – Richard Avedon, Irving Penn ou Helmut Newton – prenne cinq minutes de son temps pour me parler de ses photos, des dessous de son travail et de sa méthode. Je vous propose donc le livre que j'aurais voulu trouver quand je commençais à faire de la photo. Je souhaite vivement qu'après l'avoir déposé vous ayez appris quelque chose, une chose. Mais ce que je souhaite plus que tout, c'est que ce livre puisse vous donner ou vous redonner la piqûre de la photo.

40 HISTOIRES

40 PORTRAITS

JOSÉE DI STASIO

Café Italia, Petite-Italie, janvier 2006
Commande d'un magazine

Tout le monde a l'impression de connaître Josée di Stasio. On aime sa personnalité pétillante, sa curiosité et son intérêt sincère pour les autres, des qualités qui font qu'on a envie de l'appeler à la dernière seconde parce qu'on vient de rater sa sauce et que la visite arrive. Le défi, pour moi, était de traduire tout ça dans une image. Ce matin-là, j'avais mon idée en tête : amener Josée dans un café de la Petite-Italie et la photographier entourée de gens. Josée parle italien, je l'imaginais pour cette photo en discussion avec les hommes du café. Je voulais rester fidèle à ce qui fait que l'on aime Josée. Mais tout ça est quand même plus facile à dire qu'à faire. On est parties toutes les deux avec une équipe réduite, c'est-à-dire un assistant seulement, et on s'est promenées au marché Jean-Talon, en plein mois de janvier. On a essayé une foule de choses – il faut toujours un plan B au cas où la première idée ne marcherait pas. On a pris des photos avec les marchands, à l'intérieur. Josée s'est prêtée au jeu avec plaisir. À la fin de l'après-midi, on est enfin arrivées au café pour se réchauffer. Ça tombait bien, il y avait des figurants parfaits sur place. Je les ai tout de suite aimés pour leurs têtes sympathiques, mais aussi, il faut bien le dire, parce qu'ils portaient des vêtements foncés qui allaient mettre le chandail rayé de Josée en valeur. Je savais dès le départ que la photo serait en noir et blanc. Une fois que tout a été préparé, que le cadre a été arrêté et les sujets placés où je les voulais, j'ai attendu. C'est un monsieur hors du cadre, à la droite de Josée, qui a fait rire tout le monde. C'est là que la photo m'est apparue.

Au moment où j'allais prendre la photo, quelqu'un est passé en arrière-plan ; on voyait juste le dessus de sa tête derrière celle de Josée. Mais comme l'émotion était la bonne, celle que j'attendais depuis le matin, j'ai appuyé sur le déclencheur. Il y a la retouche pour ces situations-là. J'ai donc corrigé la photo après coup. Dans le doute, il faut toujours prendre la photo.

L'AVEU

La tasse à café de Josée était vide.

Si vous voulez tout savoir, j'ai utilisé un appareil reflex numérique EOS-1Ds Mark II et un objectif 90 mm fixe TS-E, tous les deux de Canon. Cet objectif dose les flous aux endroits appropriés. La lumière, naturelle, entre par les vitrines du café. Elle est réfléchie par un carton blanc à la droite du sujet.

JEAN-PIERRE FERLAND

Saint-Norbert, septembre 1994
Commande d'un magazine

J'ai souvent photographié Jean-Pierre Ferland, peut-être à quatre ou cinq reprises, et chaque fois ça a été agréable et facile. Cette journée-là, il était particulièrement content de nous recevoir chez lui, à Saint-Norbert. Parce que c'était une très belle journée d'automne et que les blés mûrs scintillaient dans les champs. Ou parce que sa nièce Monic, qui est styliste, faisait partie de l'équipe, qui comprenait aussi un assistant et un maquilleur-coiffeur. Toujours est-il que ça a été un magnifique après-midi. Il nous a fait visiter son domaine, on a pris des photos à plusieurs endroits, à l'écurie, dans le jardin, dans les champs. On s'est promenés partout et puis j'ai repéré cette chaise en fer forgé, qui fait partie des meubles de la maison. Je l'ai choisie à cause du cœur et de tout ce qu'il évoque de l'univers de Jean-Pierre Ferland : la passion, l'amour, la tendresse. On a posé la chaise entre les fouets jaunes. Je voulais qu'elle soit placée à l'envers, pour que l'on voie bien le cœur. Je n'avais pas prémédité cette photo, elle s'est imposée d'elle-même, sans artifice, à cause d'une chaise, mais aussi parce que la lumière de cette fin d'après-midi attisait les reflets dorés du champ. Le chandail a été choisi clair pour détacher le sujet du fond. Cette photo a été prise avec la lumière ambiante réfléchie par un simple carton blanc. Il n'y a aucune retouche. La petite profondeur de champ reproduit l'effet d'un tableau. Jean-Pierre Ferland est content d'être là, il est dans son élément, et ça se sent dans la photo. Il nous a donné plein de légumes et une courge énorme de son jardin. Plus tard, j'ai entendu dire que c'était une de ses photos préférées.

L'AVEU

Nous sommes repartis en oubliant tous nos légumes.

Si vous voulez tout savoir, j'ai utilisé un appareil reflex argentique Pentax 6x7 avec un objectif 200 mm fixe. La photo a été prise à la lumière naturelle, réfléchie par un carton blanc à la droite du sujet.

MICHEL TREMBLAY

Studio, Montréal, avril 1995
Commande d'un magazine

C'est peut-être parce que c'est un écrivain – un monument de surcroît – que je l'imaginais froid et distant. À vrai dire, je m'attendais à une personne plus ou moins sympathique. Mais Michel Tremblay est tout le contraire de ça. Il a un côté enfantin, naïf même, qui le rend facile d'approche. C'était ma première rencontre avec lui, et j'ai voulu le photographier comme je le percevais, maintenant qu'il était devant moi et que mes idées préconçues venaient de s'enfuir par la porte du studio sans demander leur reste. De toutes les images que j'ai faites de lui par la suite, celle-ci demeure de loin ma préférée. Elle présente à mes yeux Michel Tremblay sous son vrai jour et traduit le mieux sa personnalité, rieuse, chaleureuse. La commande était simple : faire un portrait en noir et blanc. Quand on a si peu d'artifices auxquels se raccrocher, le moindre détail compte. Tout dans cette image a été étudié, le contraste et les textures d'abord, à cause du noir et blanc, mais aussi l'effet négligé du col, le fou rire, le sentiment général de spontanéité. Une image, c'est une émotion, et cette émotion passe aussi par les imperfections, qui attirent et retiennent le regard. Par moments, désorganiser une photo lui donne la vie. La beauté glisse alors sur les travers, les accumule pour en faire une image qui aspire pourtant à la perfection.

L'AVEU

Je n'ai pas osé le lui dire ce jour-là : je trouve que plus Michel Tremblay grisonne, plus il est beau.

Si vous voulez tout savoir, cette image a été réalisée avec un appareil argentique 35 mm, le F5 de Nikon, un zoom 80-200 mm et un film Polapan, une pellicule-test rare qui sert à détecter les imprécisions d'un appareil photo avant la prise de vue, mais qui n'existe plus aujourd'hui. Ce film a un grain très fin et bien défini. Le sujet se tient devant une fenêtre, seule source lumineuse. Des cartons noirs ont été disposés de chaque côté pour découper le contour de son visage.

MICHEL RIVARD
ET SES FILLES,
JOSÉPHINE ET ADÈLE

Studio, Montréal, juillet 2003
Commande d'un magazine

Si l'on fait le portrait de plus d'une personne – un couple, une famille, des amis –, on a l'occasion de photographier une relation. Et une relation, c'est plus compliqué à capter qu'un visage. Ce reportage de *Elle Québec* allait présenter une série de portraits en noir et blanc de filles avec leur père. Chacun devait être différent des autres et les cadrages devaient varier entre les photos. Ce jour-là, le trio dégageait une énergie «boute-en-train» qui était bien rendue par un plan trois quarts, un cadrage qui se prête plus rarement que le plan buste au portrait. Dans ce cas-ci, ça marchait. Je voulais me placer un peu en retrait, devenir le témoin de leur complicité. Je leur ai demandé de ne pas regarder l'objectif, j'ai donné quelques directives générales, mais la connivence est venue d'elle-même, sans forcer. L'idée, c'était de toucher l'émotion, de percer l'intimité d'un petit groupe sans pourtant rompre le charme.

Cet instinct vient peu à peu avec la pratique, mais ici, je dois ce moment aux circonstances. Plus grande est la complicité entre les sujets, meilleure sera la photo, mais plus il devient difficile de se faire une place auprès d'eux sans rien bousculer. Photographier une relation demande de se tenir sur la limite entre le dedans et le dehors, entre l'intime et l'étranger. Parfois, ça rate. D'autres fois, ça réussit. Le magazine devait publier une seule photo, mais comme elles allaient bien en série, elles ont été regroupées.

L'AVEU

Je ne me suis pas mêlée de la discussion (ni des vêtements, d'ailleurs), pour une fois…

Si vous voulez tout savoir, j'ai utilisé un appareil reflex argentique Pentax 6x7 avec un objectif 165 mm fixe et un flash, adouci par une boîte lumineuse de grandeur moyenne placée à droite des sujets. Deux flashs réfléchis par des parapluies placés à 45° du fond blanc ont servi à éclairer ce dernier et à en détacher les sujets.

GUY LALIBERTÉ

Valley of Fire State Park, Nevada, juillet 2007
Projet personnel

Ça faisait longtemps que je voulais faire une photo de Guy Laliberté. À mes yeux, c'est un saltimbanque d'abord – il était cracheur de feu au début de sa carrière – et un homme d'affaires ensuite. Et la plupart du temps, lorsque je le vois dans le journal, sur des photos de cérémonies ou d'annonces officielles, ce côté-là de lui ne transparaît pas autant que dans la vie. Quand le projet de ce livre s'est concrétisé, j'ai décidé de l'appeler. J'avais un petit trac ; je l'avais déjà photographié, mais je ne savais pas du tout s'il allait accepter, et je doutais encore plus qu'il ait le temps. On a discuté de deux idées, que j'aimais autant l'une que l'autre, et lui en a préféré une : une photo de lui sur une moto. Il a ajouté : «Le meilleur endroit pour faire cette photo-là, ce serait dans la Valley of Fire, à une heure de Las Vegas.» C'était exactement ce que j'avais en tête. Je me préparais à faire livrer une moto, je ne savais encore trop comment, puis il a dit «Ma moto est déjà là-bas.» Que demander de plus?... Et comme le hasard fait parfois bien les choses, il partait pour Las Vegas quelques jours plus tard. Sans cette coïncidence, il n'y aurait probablement pas eu de photo. Je suis donc partie avec lui et sa famille. Mon assistant et moi allions passer deux jours dans le désert, à 47 °C. Le premier jour, on a fait du repérage ; il y avait quatre possibilités d'arrière-plans qui me semblaient intéressantes. On voulait montrer juste assez de ciel, un bon angle de la lumière sur les montagnes pour faire ressortir leurs couleurs, mais sans éteindre le sujet. Le lendemain, il était impossible de faire rouler une moto sur l'asphalte brûlant, les pneus auraient éclaté. On a quand même essayé quelques photos en roulant à basse vitesse. Mon assistant et moi étions attachés par des harnais à l'arrière sur le panneau ouvert d'une jeep, face à lui. Mais malgré tout le mal que l'on s'est donné, ce n'est pas cette photo-là qui a été la plus réussie. C'est d'ailleurs souvent comme ça... On a fait des essais à la verticale, à l'horizontale, de face (c'était banal), de profil (on aurait dit une pub de Harley). Finalement, c'est cette photo-ci qui s'est démarquée des autres. L'effet ombragé du ciel découpé sur les montagnes a été créé à la prise de vue par un filtre. Les montagnes ajoutent de la profondeur au portrait, et je retrouve dans cette image le côté rebelle de Guy Laliberté, qui me manquait tant dans le journal.

L'AVEU

J'ai demandé à Guy Laliberté de rouler sans casque, même si c'est interdit. Mais il n'allait qu'à 20 km/h.

Si vous voulez tout savoir, cette photo a été prise vers 17 h 30 au moyen d'un appareil numérique Canon EOS-1Ds Mark II, un zoom 80-200 mm avec un filtre polarisant, pour enlever les reflets et saturer les couleurs – dont les teintes du ciel en arrière-plan. Une boîte lumineuse a été placée à gauche du sujet, éclairé au flash. Je voulais assombrir le fond, pour créer un contraste ; le flash a jeté une lumière assez forte sur le sujet pour atténuer l'éclat du soleil sur les montagnes en arrière-plan et donner de la texture au ciel.

BRUNY SURIN

Studio, Montréal, septembre 1994
Projet personnel

À l'époque où cette photo a été prise, Bruny Surin était l'un des hommes les plus rapides au monde; il était parmi les meilleurs sprinters sur 100 m. Je ne lui aurais sans doute jamais demandé de faire cette image s'il ne s'était pas présenté au studio; je faisais les photos de la campagne de pub du transporteur aérien Canadian Airlines, créée par l'agence BCP, qui l'avait choisi comme porte-parole. Tout au long de la séance de photos, je me disais : « Quel athlète extraordinaire ! » Quand ça a été fini, je lui ai demandé si je pouvais faire un portrait de lui : je voulais donner mon interprétation personnelle de Bruny Surin. Il a accepté. On avait souvent vu Bruny Surin énergique, souriant, sociable et extraverti; ces aspects de sa personnalité étaient les plus visibles. Mais là, je voulais photographier ce qui se tenait à l'ombre de l'athlète : sa concentration, son côté reclus exigés par sa discipline. Quand on regarde une course, on ne voit pas ce côté des sprinters, qui sont plutôt fébriles avant de se placer sur le bloc de départ. Dans ce portrait, je voulais aussi mettre en valeur l'aspect sculptural de son corps, et c'est pour cette raison que j'ai choisi de faire une photo monochrome qui insiste sur les valeurs de noir et de gris de sa peau. Ce sont les formes du corps qui font la photo. C'était mon souhait que cette image raconte tout le travail et l'entraînement qui précèdent la victoire.

L'AVEU

J'ai demandé à Bruny de se raser les jambes… mais pas la barbe.

Si vous voulez tout savoir, cette photo a été prise sur un fond gris, peu éclairé. Le sujet est très près du fond. J'ai utilisé un appareil reflex argentique Nikon F5, un objectif 105 mm fixe et une pellicule Polapan. Une boîte lumineuse a été placée à droite du sujet, beaucoup plus haut que lui, et un carton blanc à sa gauche a servi de réflecteur pour créer une lumière plus subtile, qui fait ressortir les creux et les volumes du corps.

IONA MONAHAN

Studio, Montréal, juin 1993
Commande d'un magazine

Cette image surprenante a jailli d'une longue série de photos beaucoup plus sages prises le même jour. Iona Monahan a été chroniqueuse de mode en chef à *The Gazette* de 1970 à 2000. Personne, semble-t-il, ne l'a connue sans ses lunettes rondes, énormes, qu'elle aurait, selon le mythe, achetées en Italie dans les années soixante. Quoi qu'il en soit, elles étaient indissociables du personnage, dans la vie comme en photo. Cette grande dame, excentrique et libre penseuse, effrayait autant qu'elle commandait le respect. Elle m'a donné, au début de ma carrière, mes premières chances en photo de mode. Elle savait cueillir le talent là où aucune pousse n'était encore visible, chez les designers et chez les artisans, soit les rédacteurs, soit les photographes. Elle m'a aussi permis de réaliser une de mes plus grandes images. Le col de son tricot relevé sur sa bouche, c'était mon idée, les mains en l'air, c'était la sienne. Elle portait toujours deux montres au même poignet; la styliste les a séparées. Cette photo, parmi les dernières de la journée, est la seule où elle a cette allure. Malgré sa poigne de fer, j'ai vu ce jour-là sa grande sensibilité. Celle qui enviait leur intelligence aux autres – elle disait parfois *I would like to have her mind* quand elle était fascinée par une personne – avait une grande capacité à rire d'elle-même. Je craignais qu'elle soit intransigeante et impatiente, mais, à son départ, plusieurs éclats de rire crépitaient encore dans la pièce. Je suis contente d'avoir fait cette photo.

L'AVEU

Même si je n'ai jamais compris pourquoi Iona avait deux montres, je n'ai pas osé le lui demander.

Si vous voulez tout savoir, ce portrait a été fait avec un appareil reflex argentique Pentax 6x7 et un objectif 200 mm fixe. Le sujet est éclairé par un flash réfléchi dans un parapluie placé à sa droite. Un carton blanc très loin à sa gauche sert de réflecteur et ajoute un peu de détail aux noirs. Le fond n'est pas éclairé.

CHLOÉ SAINTE-MARIE

Studio, Montréal, avril 2001
Commande d'un magazine

Le numérique, qui compte d'innombrables avantages, a un défaut : il pourrait nous faire perdre le goût du risque. Il n'y a pas si longtemps, faire une photo était en soi un pari : une prise ratée était irrémédiablement gâchée et plusieurs paramètres augmentaient le niveau de risque, notamment le choix de la pellicule. Par ailleurs, même s'il était très rare qu'un laboratoire manque un développement et détruise un film, cette crainte revenait parfois rôder dans le studio, en particulier quand le photographe avait décidé de vendre son âme au procédé croisé. Ce procédé, en résumé, consiste à utiliser un film pour diapositives couleur et à le développer dans des solutions chimiques conçues pour la pellicule photo couleur. C'est une méthode imprévisible et délicate, qui ne tolère pas la moindre surexposition. Le résultat est à tout coup une surprise, bonne ou mauvaise. En 2001, Chloé Sainte-Marie se préparait à lancer l'album qui l'a fait redécouvrir du public. On connaissait l'actrice, dont le souvenir est à des années-lumière de ce que dégage la chanteuse, une femme accessible et tenace. Le procédé croisé fait ressortir ses traits, ses cheveux rouge feu, son regard galvanisé.

L'AVEU

Le magazine qui a commandé cette photo ne l'a fait paraître qu'un an ou deux plus tard. Le directeur artistique l'a jugée trop avant-gardiste ; il a plutôt choisi une image d'une autre série prise le même jour.

Si vous voulez tout savoir, j'ai utilisé un appareil reflex argentique 35 mm, le F5 de Nikon, un zoom 80-200 mm et une pellicule pour diapositives couleur de type E-6, développée dans une solution chimique de type C-41. Le sujet est éclairé par un flash réfléchi dans un parapluie et placé au-dessus de l'appareil photo, face à elle.

LEONARD COHEN

Hôtel Vogue, Montréal, août 2001
Commande d'un magazine

J'ai photographié Leonard Cohen pour la première fois en 1979. Je travaillais au magazine *Virus Montréal*, qui donnait une fête ce soir-là. J'avais installé une toile dans la salle et je photographiais tous les invités. Leonard Cohen, qui connaissait les fondateurs de *Virus*, devait y venir. Je commençais tout juste en photo. J'ai dû passer 20 minutes avec lui, comme avec toutes les personnalités que j'ai photographiées ce soir-là. J'ai pris quelques photos à peine. C'était il y a bien longtemps, et je ne me souvenais de presque rien, sauf peut-être de ses cheveux sombres et de son regard. Dans notre esprit, il y a des gens qui ne peuvent vieillir. Leonard Cohen est pour moi de ceux-là. Quand il s'est avancé vers moi dans le hall de l'hôtel Vogue, plus de 20 ans plus tard, je n'ai pas retrouvé le souvenir que j'en avais gardé, et c'est ce qui m'a poussée à faire cette photo, où tout ce qui compte, c'est la douceur et la bonté de son regard. Pour la sortie de son dernier album, Leonard Cohen souhaitait que toutes les photos et les entrevues soient faites le même jour. Aucune des photos prises par les différents photographes ne ressemble pourtant aux autres. La journée, qui s'annonçait longue pour lui, était découpée heure par heure. Je disposais de 30 minutes bien comptées entre 10 h 30 et 11 h. On ne s'est presque rien dit; Leonard Cohen parle pour dire l'essentiel. Mais je lui ai rappelé cette soirée de 1979, et il s'en est souvenu. Ça a créé un rapprochement entre nous. On est sortis sur la terrasse et la lumière du jour a fait briller la mer de ses yeux. Parmi toutes les photos, c'est celle-ci, au cadre non conventionnel, qui servait le mieux mon sujet. Je pense qu'une photo si dépouillée ne peut venir que d'un sujet sans artifice.

L'AVEU

En 1979, quand mes amis m'ont dit qu'ils attendaient Leonard Cohen, je leur ai demandé qui c'était. Je n'en avais pas la moindre idée.

Si vous voulez tout savoir, cette photo a été prise avec un appareil reflex argentique 35 mm, le F5 de Nikon, un zoom 80-200 mm, à l'extérieur, avec la lumière du jour, qui était plutôt faible, ce qui crée un effet plus contrasté et granuleux. Mon assistant a placé un carton blanc un peu plus bas que le sujet, à sa droite.

24

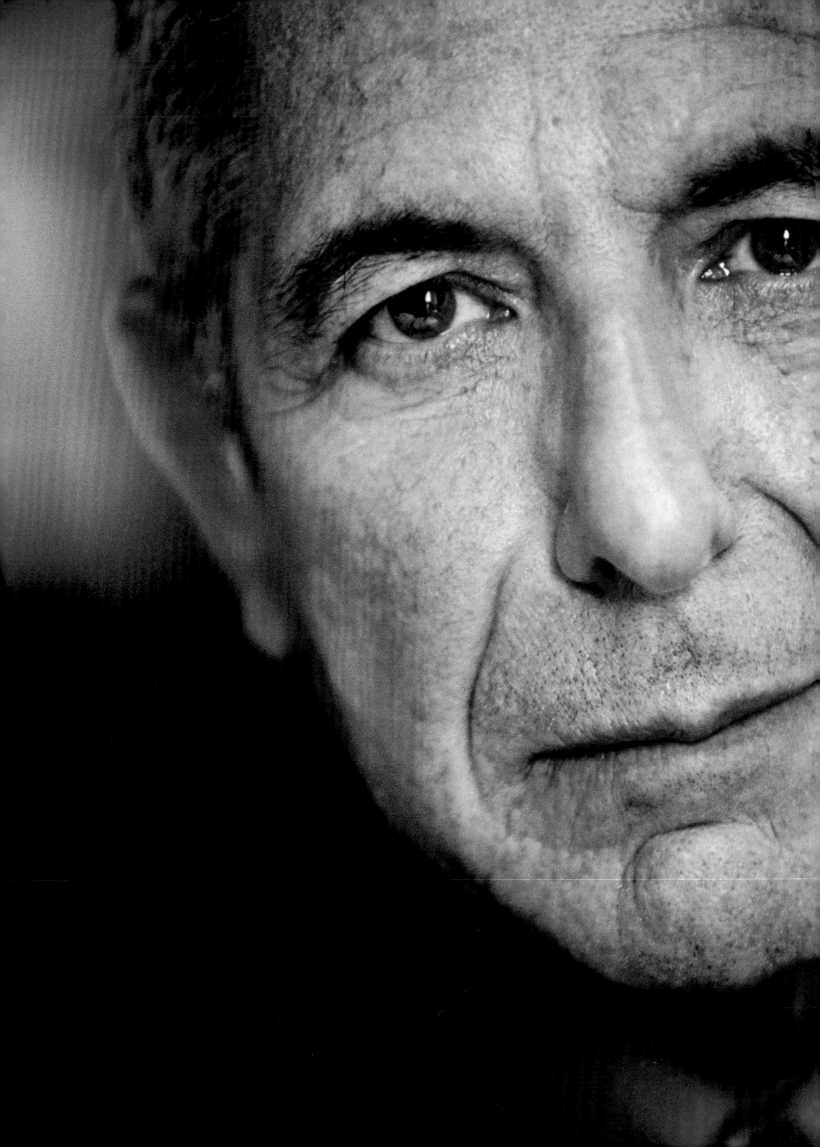

GIOVANNI RAMACIERI

Studio, Montréal, août 1999
Commande d'un magazine

Giovanni Ramacieri est le grand-père de la famille Ramacieri, des importateurs et distributeurs de carreaux de céramique de Montréal. Comme c'est souvent le cas des modèles qui ne sont pas mannequins professionnels, il connaissait quelqu'un qui connaissait quelqu'un qui... me connaissait. C'est ainsi qu'il a débarqué dans mon studio comme sur une scène de théâtre. Ni comédien ni mannequin, M. Ramacieri aurait pu facilement s'illustrer dans ces deux métiers... Charmeur, beau parleur, cet homme toujours tiré à quatre épingles incarne l'archétype de l'Italien, élégant, raffiné. Il avait une si grande aisance devant l'appareil photo que l'on pouvait lui demander une petite chose de rien et voir tout à coup une galerie de personnages défiler devant soi. Pour que l'on arrive à cette photo, je lui ai demandé de relever le col de son veston ; un gangster des années trente a alors surgi devant l'appareil. En cours de métamorphose, cette image s'est glissée furtivement entre toutes les autres.

L'AVEU

M. Ramacieri proposait toutes sortes de poses : il bougeait tellement qu'il fallait toujours replacer sa cravate. On faisait un reportage de mode, après tout ; si la cravate avait été froissée, cette image n'aurait pas survécu au tri.

Si vous voulez tout savoir, cette photo a été faite avec un appareil reflex argentique Pentax 6x7 et un objectif 200 mm fixe muni d'une bague-allonge, c'est-à-dire un dispositif qui permet de s'approcher de très près du sujet sans perdre la précision du foyer dans les très gros plans. Une boîte lumineuse à sa droite éclaire le sujet, qui est placé sur un fond gris non éclairé.

LUCIEN BOUCHARD

Bureau du chef de l'opposition, Ottawa, avril 1994
Commande d'un magazine

Lucien Bouchard a peut-être regretté, ce jour-là, de nous avoir ouvert les portes de son bureau. Alors chef de l'opposition à la Chambre des communes, son horaire plus que chargé ne lui laissait pas beaucoup de temps pour une séance photo. Il nous a accueillies à notre arrivée, nous a dit de nous installer à notre aise pendant qu'il allait à une réunion. On a mis des vêtements partout : sur les fauteuils, sur son bureau, le long de tous les murs. Et là où il n'y avait pas de vestons, de chemises ou de cravates, il y avait des réflecteurs ou des boîtes lumineuses. Lucien Bouchard avait un très grand bureau. La maquilleuse, la styliste et moi l'avons rempli complètement. J'avais préparé deux lieux pour la photo : l'arrière de son bureau (cette photo) et la bibliothèque. Quand il est revenu, il a bien cru s'être trompé de porte. M. Bouchard a un charisme peu commun. Malgré une personnalité ferme et décidée, il aime jouer. Ce jour-là, on a essayé toutes sortes de poses différentes, mais pour celle-ci, je lui ai demandé de ne pas trop bouger : il y avait peu de lumière, ce qui m'a forcée à choisir un temps d'exposition plus long, qui n'autorise aucun mouvement du sujet. Quand il a dû retourner à ses obligations, il nous a bien prévenues : «Quand je vais revenir, j'espère que mon bureau sera bien rangé !»

L'AVEU

Il faut toujours être prêt à tout, mais cette fois-là, on avait quand même apporté beaucoup trop de vêtements.

Si vous voulez tout savoir, le sujet est éclairé par la lumière naturelle, qui vient de la fenêtre à sa droite, réfléchie par un carton blanc, à sa gauche. J'ai utilisé un appareil argentique Pentax 6x7 et un objectif 165 mm fixe.

BILLY ZANE

Studio, Montréal, mars 1998
Projet personnel

Je ne savais pas que Billy Zane et moi avions
une amie commune. Elle lui avait parlé de moi,
et quand il est venu à Montréal pour l'un des
premiers films dans lesquels il a joué après
Titanic, il m'a demandé de faire les photos de la
campagne de promotion du film. J'ai accepté
et je lui ai demandé en échange le droit de faire
une photo personnelle. Après une grosse journée
– j'étais complètement crevée alors que lui se
préparait à sortir toute la nuit –, nous avons fait
cette photo. Billy Zane est non seulement très
beau, mais il a des traits parfaits, un visage tout
à fait symétrique. Photographiée à contre-jour,
un éclairage rare en studio, la ligne gracieuse de
son profil dégage une troublante sensualité.
Je trouvais intéressant que son regard se perde
en dehors du cadre.

L'AVEU

Billy Zane est chauve. C'est pour cette raison que
j'ai préféré couper le haut de son front.

Si vous voulez tout
savoir, ce portrait
a été fait avec un
appareil Hasselblad,
une pellicule noir et
blanc et un objectif
150 mm fixe. Le
sujet est éclairé par
une boîte lumineuse
placée à 45° sur sa
droite.

CAROLE BOUQUET

Studio, Toronto, août 1988
Commande d'un magazine

Carole Bouquet était de passage à Toronto, cet été-là, pour une tournée de promotion Chanel et, à cette occasion, le *Toronto Fashion Magazine* m'avait commandé une photo pour la couverture, printanière, fraîche et lumineuse. Cependant, nous avions seulement deux heures du temps de Carole Bouquet, et il était trop risqué de prévoir la météo. Du mauvais temps aurait été catastrophique : rien à voir avec le doux printemps et la commande qu'on m'avait passée. On a donc recréé en studio une haie de faux arbres à feuilles qui se font passer pour vrais quand ils se perdent dans le flou de l'arrière-plan. Pour réussir cet effet, il me fallait utiliser un objectif 300 mm qui donne la plus petite profondeur de champ possible : seul le sujet était au foyer, tout le reste se perdait dans un nuage clair, tacheté de vert. Cet objectif demande de s'éloigner beaucoup du sujet : j'étais à 10 m d'elle, mais, même à cette distance, je voyais que quelque chose n'allait pas dans son regard. Je me doutais de ce que c'était ; je suis donc allée la voir en catimini pour lui demander si elle portait habituellement des lunettes. Elle m'a dit : « Des verres de contact, mais je ne les ai pas mis. » Sans ses verres, son regard était imprécis : je savais qu'elle me regardait, mais qu'elle ne me voyait pas. Elle a donc mis ses verres et on a continué la séance. Carole Bouquet est une grande habituée des photos de mode et, comme la plupart des mannequins, elle faisait toutes sortes de propositions de poses : elle s'est placée elle-même dans cette position-là. Un détail de rien pour la fin : sa boucle d'oreille de droite dépassait un peu de son visage et brisait la ligne de sa mâchoire. On l'a donc enlevée avant de prendre la photo finale.

L'AVEU

Carole Bouquet est aussi belle en personne qu'on se l'imagine.

Si vous voulez tout savoir, j'ai utilisé un appareil reflex argentique 35 mm F4 de Nikon avec un objectif 300 mm fixe. Le sujet est éclairé par l'arrière au moyen de nombreuses boîtes lumineuses, qui jettent une lumière presque éblouissante, réfléchie sur de multiples cartons blancs placés en demi-lune devant le sujet. C'est comme ça que l'on a réussi à imiter le soleil du printemps.

LUC PLAMONDON

Studio (extérieur), Montréal, mai 2005
Commande d'un magazine

Dire que faire cette photo a été une tâche difficile serait bien en deçà de la vérité. Ce jour-là, on a pris beaucoup de photos de Luc Plamondon. Une partie en studio, en gros plan, et d'autres, comme celle-ci, à l'extérieur, sur la voie ferrée. Il n'y avait pas de styliste pour la prise de vue. Comme Luc Plamondon est toujours bien habillé et que son style personnel lui va très bien, on a fait toutes les photos avec ses propres vêtements. Je lui avais demandé d'apporter un parapluie et un imperméable, parce qu'on annonçait du temps gris et pluvieux et que je voulais faire des photos dehors. L'idée était simple : le photographier alors qu'il marchait sur la voie ferrée. Le divertissement a commencé à la première tentative. Pour tout dire, la voie ferrée était plutôt une gare de triage, bruyante et achalandée. Il fallait constamment surveiller les allées et venues des trains et crier à tue-tête pour couvrir non seulement le grincement des roues sur les rails, mais aussi le fracas causé par l'arrimage des wagons les uns aux autres. Je lui ai demandé de marcher vers moi. Je reculais en même temps que lui s'approchait pour conserver tout au long de sa marche la même valeur de plan. Mais coordonner nos pas – il avançait le pied droit, je devais reculer le pied gauche – et la vitesse de la marche sur de gros cailloux instables et glissants tenait de la cascade. Pour ajouter un peu de superflu à l'aventure, j'avais décidé d'utiliser un objectif spécial, qui donne des flous à des endroits choisis de l'image. Je voulais que ce flou commence au buste du sujet et descende jusqu'au bas du cadre. Or il suffisait d'un seul faux pas pour que le flou se retrouve en plein au milieu de son visage. Pour finir, il ventait. Assez parfois pour relever le bas de son imperméable derrière lui. Inutile de dire que l'on a beaucoup ri, même si l'on avait mal aux chevilles à la fin de la journée.

L'AVEU

Certaines fois où le sujet était vraiment bon, c'était la photographe qui glissait et qui faisait rater la photo.

Si vous voulez tout savoir, cette photo a été prise avec un appareil reflex numérique EOS-1Ds Mark II et un objectif 90 mm fixe TS-E de Canon, qui dose les flous aux endroits appropriés. Le sujet a été photographié à la lumière du jour avec un carton blanc à sa gauche.

34

NANCY HUSTON

Studio, Montréal, septembre 1996
Commande de Leméac, éditeur de Nancy Huston

Je crois bien qu'il y a quelque chose de différent
quand je photographie un écrivain. Dans le
regard de Nancy Huston, il y a un astre peu banal,
qui a fait que toutes les photos de ce jour-là
étaient réussies. Ça n'arrive presque jamais.
Je voulais faire un plan de son visage, très près
d'elle, et désobéir à une certaine convention des
photos d'écrivains, souvent prises en contexte –
on dirait sur le vif –, comme pour éviter une
esthétique qui suggérerait quelque superficialité.
Tout au long de la séance, nous avons parlé
beaucoup : de son métier et du mien qui, à tant
d'égards, se ressemblent. La pellicule Polapan
demandait qu'on la développe tout de suite.
En 60 secondes, comme avec un Polaroïd, on a pu
voir les photos. On les a regardées, et ça nous
a encouragées à faire d'autres essais. Elle a dit :
« C'est très rare que j'aime mes photos,
mais celles-là, je les aime. » Puis, on a continué
à travailler.

L'AVEU

Elle l'apprendra en lisant ceci, mais je n'avais lu
aucun des livres de Nancy Huston quand elle est
venue au studio. Je me suis rattrapée depuis.

Si vous voulez
tout savoir, Nancy
Huston ne porte
aucun maquillage
dans la vie de tous
les jours. Pour cette
photo, cependant,
tout en respectant
son côté naturel,
on l'a maquillée ;
les photos en noir
et blanc requièrent
un minimum de
maquillage, sinon
les traits du sujet
sont imprécis. J'ai
utilisé un appareil
reflex argentique
35 mm, le F5 de
Nikon, une pellicule
Polapan et un
objectif 105 mm fixe.
Le sujet est éclairé
par quatre boîtes
lumineuses, placées
en haut, en bas et de
chaque côté de son
visage. La source du
haut était, comme
souvent, plus forte
que les trois autres,
ce qui ajoute de
l'intérêt au haut du
visage du sujet et à
son regard.

NATHALIE SIMARD

Studio, Montréal, janvier 2006
Commande d'un magazine

Quand *Châtelaine* m'a appelée pour me proposer de photographier Nathalie Simard, j'ai répondu par un long silence. J'étais loin d'être sûre de vouloir accepter. D'abord parce qu'elle compte parmi les personnalités québécoises les plus photographiées, et ce, depuis qu'elle est enfant. Je ne voyais pas quel nouveau point de vue je pouvais présenter. Mon autre préoccupation était bien différente : Nathalie Simard venait d'être choisie par *Châtelaine* parmi les femmes de l'année pour son engagement auprès des victimes d'agressions sexuelles. Cette photo méritait donc une noblesse et une envergure que je n'étais pas certaine de pouvoir exprimer. Ça n'avait rien à voir avec le sujet, c'était une discussion entre moi et moi. J'ai fini par accepter, mais toute la journée de la prise de vue, cette étrange impression m'est restée. Il y avait une petite Monic Richard sur mon épaule qui me répétait à chaque photo que ça n'y était pas encore. Je ne voulais pas que mon sujet s'en rende compte, bien sûr. De son côté, elle faisait tout ce qu'il fallait, elle était très à l'écoute, ouverte, généreuse. Mais je continuais à chercher. Vers la fin de la séance, on a changé de pièce pour faire les dernières photos. Dans cette pièce se trouvait un canapé. Je lui ai demandé de s'allonger sur le dos et de regarder dehors. On a pris deux photos, les deux dernières. Celle-ci en faisait partie et j'ai su que c'était la bonne. Mais après la journée que j'avais passée, j'avais quand même un doute et je l'ai rappelée le lendemain pour qu'on reprenne la séance. Elle n'était plus disponible. Quand j'ai vu la photo publiée, ce doute chronique m'a quittée. Enfin.

L'AVEU

Je suis contente que les circonstances m'aient empêchée de faire une deuxième séance photo.

Si vous voulez tout savoir, j'ai utilisé un appareil reflex numérique EOS-1Ds Mark II et un zoom 80-200 mm. Le sujet fait face à une fenêtre, seule source de lumière.

ANTHONY KAVANAGH

Studio, Montréal, avril 2003
Commande d'un magazine

Anthony Kavanagh tenait le rôle de l'avocat dans la comédie musicale *Chicago*, en première mondiale en français à Montréal l'automne suivant. Nous avons donc décidé, la styliste et moi, de le photographier dans son personnage. Ce portrait évoque les années vingt, la prohibition et la corruption, sans oublier l'élégance surannée des souliers deux tons. Les vêtements ont pris une grande importance dans cette séance. Anthony Kavanagh allait et venait dans le studio comme un cyclone, différents chapeaux se succédaient sur sa tête et lui inspiraient chaque fois un personnage différent, un proxénète d'un quartier mal famé pour l'un, un monsieur de bonne famille pour l'autre. Pour que le décor serve bien le portrait, j'ai choisi de faire toutes les photos dans le monte-charge de l'immeuble où se trouve mon studio. Le rude décor de béton fait contraste avec l'élégance du sujet. Anthony Kavanagh est vraiment très à l'aise devant l'appareil photo. Ça a été facile de lui soutirer plusieurs très bons portraits.

L'AVEU

La première fois que j'ai photographié Anthony Kavanagh, c'était à l'occasion d'une photo de groupe pour la couverture d'un magazine. Il était tellement bouffon qu'il faisait rire tout le monde et moi, j'avais beaucoup de mal à prendre ma photo, qui devait être sérieuse. Cette fois-ci, il était beaucoup plus calme. Heureusement.

Si vous voulez tout savoir, cette photo a été prise avec un appareil reflex argentique Pentax 6x7 et un objectif 165 mm fixe. Le sujet est éclairé par une boîte lumineuse sur sa droite.

RICHARD SÉGUIN

Studio, Montréal, février 1996
Commande d'un magazine

J'ai essayé ce jour-là des photos en couleurs et en noir et blanc. Seulement, Richard Séguin n'est pas la même personne en noir et blanc. Ce qui frappe chez lui, c'est le contraste entre ses cheveux sombres et ses yeux bleu clair. Quand il vous regarde, votre corps tout entier se fige. Ce portrait s'inscrit dans ce que j'appelle à la blague ma « période bras ». Ici, je voulais faire ressortir les yeux de mon sujet et pour donner encore plus d'intensité à son regard perçant, je lui ai demandé d'encadrer son visage de ses avant-bras. Mes directives de base allaient dans ce sens-là, mais le reste du portrait s'est structuré de lui-même. La manche ouverte qui devient floue à l'avant-plan et le cadre n'ont pas été contrôlés ; d'ailleurs, cette photo n'a pas été recadrée, elle a été prise telle quelle. Richard Séguin est un homme énergique, volontaire, ouvert, et toutes ces qualités transparaissent dans ce portrait.

L'AVEU

Pour la photo finale, nous avions à faire un choix entre la photo couleur et la photo noir et blanc. Le directeur artistique de *Elle Québec* a choisi la photo noir et blanc. Je choisis celle-ci.

Si vous voulez tout savoir, cette photo a été faite en procédé croisé. J'ai utilisé un appareil reflex argentique 35 mm, le F5 de Nikon et un objectif 105 mm fixe. Le sujet est éclairé par une boîte lumineuse à sa droite.

MARINA ORSINI

Studio, Montréal, novembre 1994
Commande d'un magazine

Marina Orsini avait 14 ans quand je l'ai connue : nous étions toutes les deux en début de carrière. C'était à l'occasion d'un reportage mode dans un magazine. La Marina Orsini de notre première rencontre est encore la même : c'est une personne passionnée par la découverte des autres. Déjà, à l'adolescence, elle avait cet immense charisme qu'on lui reconnaît aujourd'hui. On se sent tout de suite bien à ses côtés. Sa vive énergie est contagieuse et elle la partage volontiers avec son entourage. Je l'ai photographiée à plusieurs reprises, tout au long de sa carrière. Pour ce portrait-ci, je lui ai demandé – une idée comme ça – de s'accroupir et de regarder hors cadre. Je ne voulais pas la photographier de manière sage ou statique. Son sourire réjoui – Marina Orsini est une personne très rieuse – est en réalité adressé à un mur. En portrait, tout est permis, surtout de surprendre le sujet pour le faire sortir de sa réserve. Cette photo n'a pas tellement pris d'âge, mais quand on y regarde de près, on constate que les cheveux qui encadrent le visage du sujet sont un peu décoiffés. Des mèches indisciplinées, ne serait-ce que quelques-unes, ne survivraient pas aujourd'hui à l'étape de la retouche. Même si le sujet ne regarde pas l'appareil, on sent irradier sa joie de vivre.

L'AVEU

Un peu plus loin dans ce livre, je vous dirai que le meilleur côté du visage est, en règle générale, celui qui est dégagé par la séparation des cheveux. On peut donc considérer ce portrait comme une exception.

Si vous voulez tout savoir, la photo a été prise avec un appareil reflex argentique Pentax 6x7, une pellicule noir et blanc et un objectif 200 mm fixe. Le sujet est très près du fond, une toile peinte en gris moiré et éclairée par un projecteur, ce qui fait alterner les zones pâles et foncées. Le sujet est éclairé par une première boîte lumineuse à sa hauteur, sur sa droite. Une deuxième boîte lumineuse, placée au-dessus de l'appareil, l'éclaire de face et sert à diminuer les contrastes.

44

PAUL PICHÉ

Studio, Montréal, mai 1997
Commande d'un magazine

Quand un magazine commande un portrait photo pour accompagner le portrait écrit d'un artiste, j'essaie, à défaut de pouvoir lire l'article chaque fois, de savoir de quoi il sera question et quel sera le ton du texte. Si, par exemple, on me commande le portrait d'un cinéaste pour souligner la sortie de son film sur le deuil, je ne vais pas le photographier dans une ambiance de fête foraine. Je caricature, bien sûr, mais l'inspiration pour un portrait me vient d'abord du propos du texte. Pour ce portrait de Paul Piché, le texte m'a inspiré l'idée d'un moment partagé avec lui à prendre un café. Je ne voulais pas que la photo ait l'air d'avoir été faite en studio, je souhaitais plutôt reproduire le contexte d'une visite d'après-midi chez un ami. Les accessoires sont alors devenus nécessaires : la table de bois, qu'on voit à peine, mais sur laquelle le sujet est appuyé, et la tasse de porcelaine blanche à l'avant-plan ajoutent de la vérité à cette mise en scène. J'essaie souvent, par ailleurs, de composer mes images sur plusieurs plans, pour que le sujet nous tire à lui peu à peu. Ici, on s'arrête sur la tasse floue au premier plan, sur la main posée dessus comme par inadvertance, puis on s'habitue petit à petit à cette intimité avec le sujet. On en devient le vis-à-vis, l'ami avec qui il prend un café.

L'AVEU

La voix parlée de Paul Piché est chaude et profonde. J'avoue que ça fait un certain effet.

Si vous voulez tout savoir, j'ai utilisé un appareil reflex argentique 35 mm F5 de Nikon, une pellicule Polapan et un objectif 105 mm fixe muni d'une bague-allonge. Le sujet est éclairé par une boîte lumineuse placée plus haut que lui, à sa droite. Un carton noir à sa gauche accentue le creux de sa joue.

JEAN CHAREST ET MICHÈLE DIONNE

North Hatley, septembre 2002
Projet de publicité électorale

J'ai failli, ce jour-là, jeter le cellulaire de M. Charest dans le bosquet. Ça ne se fait pas, évidemment, alors je lui ai plutôt demandé de le fermer. Il était continuellement dérangé, semblait préoccupé, et il devenait impossible de faire de bonnes photos dans ces conditions. Être le sujet d'une photo est difficile et demande une grande concentration. Quand le cellulaire a été éteint, la séance, chaotique depuis le matin, a pris un virage radical. La suite a été plus qu'efficace, elle a été très agréable. Jean Charest est un pince-sans-rire et il ne manquait pas une occasion de lancer une blague à la volée entre les prises. La directrice artistique de l'agence et moi avions dressé au préalable une liste de toutes les photos à faire ; chacune était réservée à un usage différent et le décor, comme les valeurs de plan, changeait souvent. On avait initialement prévu deux jours de travail, en studio et à l'extérieur, mais, à cause de l'horaire de M. Charest, ça a été impossible. On a tout fait la même journée. La styliste, le maquilleur-coiffeur, les deux assistants et moi avions beaucoup de pain sur la planche. L'idée de faire des photos avec Michèle Dionne s'est révélée excellente : nous avons senti qu'ils formaient une véritable équipe. Il y a beaucoup de Mme Dionne derrière M. Charest, et ça se sent. Ce doit être cette intuition qui m'a poussée à les placer de cette façon.

L'AVEU

J'ai dû beaucoup insister pour emmener Jean Charest chez le coiffeur. Ce n'est pas lui qui s'y opposait, mais Mme Dionne, qui préfère son mari les cheveux plus longs.

Si vous voulez tout savoir, cette photo a été prise avec un appareil reflex argentique Nikon F5, une pellicule noir et blanc et un zoom 80-200 mm. La lumière, entièrement naturelle, est réfléchie par un carton blanc tenu par un assistant, placé en bas du balcon, hors cadre.

SOPHIE LORAIN

Studio, Montréal, juin 1996
Commande d'un magazine

Un sujet se sent souvent perdu dans un studio de photo ; les plafonds sont hauts, l'endroit est vaste, et il se tient au milieu de l'espace sans trop savoir ce qu'on attend de lui. Pour l'aider à trouver un lieu dans lequel il se sent bien, on peut aménager un petit studio dans le grand ensemble, à la manière de boîtes gigognes : il suffit, c'est tout simple, de placer autour du sujet des cartons blancs qui créent l'illusion d'une cabine. Cette idée s'est imposée d'elle-même pour ce portrait de Sophie Lorain. La directrice artistique de *L'actualité* m'avait expressément demandé un portrait percutant. Sophie Lorain, de son côté, voulait que la photo lui ressemble : elle ne voulait pas de mise en scène compliquée ni de maquillage extravagant. C'est une personne timide, authentique et très entière. J'ai choisi de faire un portrait en gros plan, qui donne l'impression qu'on regarde le sujet par le trou de la serrure et qui, par des moyens sobres, lui confère une grande intensité : la vivacité du regard et l'expression du visage, où on lit une certaine vulnérabilité. Les bras qui encadrent le sujet ajoutent encore plus de force

au portrait. Les cartons blancs n'ont pas seulement servi à réduire l'espace, bien sûr : leur première utilité était de réfléchir la lumière pour feutrer l'image et faire ressortir la douceur des traits de Sophie Lorain. Une commande pour une page couverture vient avec une liste de contraintes ; la photo partage l'affiche avec le titre du magazine et un sommaire des sujets traités dans le numéro. Ce type de cadre est peu commun pour une couverture de magazine, ce qui ajoute à son audace.

L'AVEU

J'ai rencontré Sophie Lorain pour la première fois à l'occasion de ce portrait de groupe où figurait Anthony Kavanagh. Ce dernier était tellement fou ce jour-là qu'il prenait beaucoup de place. Sophie Lorain, d'un naturel timide, est restée en retrait. Comme elle n'est pas venue vers moi et que nous n'avons pu nous parler, j'en avais déduit que je lui étais antipathique. Je me trompais. Ce drôle de sentiment a disparu quand on a travaillé ensemble, seule à seule.

Si vous voulez tout savoir, le sujet est debout, appuyé sur un cylindre à photo, un objet qui sert à transporter les gros trépieds quand on va en séance photo en dehors du studio. La photo, sans retouche, a été prise sur un fond noir et seul le sujet est éclairé par deux boîtes lumineuses réfléchies sur des cartons blancs. J'ai utilisé un appareil reflex argentique 35 mm, le F5 de Nikon, et un zoom 80-200 mm.

OLIVER JONES

Studio, Montréal, octobre 1999
Commande d'un magazine

Cette photo est un accident. J'ai donné plusieurs directives à Oliver Jones, mais cette expression, je ne l'attendais pas. On faisait une pause entre les prises, j'ai fait une blague et ça l'a fait rire. Je ne pensais pas appuyer sur le déclencheur à ce moment-là, à vrai dire je n'étais pas tout à fait prête, mais j'ai eu le temps d'intercepter la seconde où un rire passager a glissé sur son visage. Ses yeux fermés et sa bouche légèrement entrouverte sont parvenus à produire l'émotion que je cherchais sans la trouver : celle du pianiste qui se coule dans sa musique et oublie la course du monde, qui se poursuit sans lui. Le cadre est le cadre initial de la prise de vue. La tête du sujet, penchée sur le côté, crée l'illusion qu'il est en mouvement, que son visage sort tout à coup de l'ombre pendant un spectacle.

Malgré une bonne préparation pour cette séance, je n'avais pu obtenir l'essentiel : un piano. Déporter un musicien dans un studio et lui demander de jouer d'un instrument imaginaire ne suffit pas à faire une bonne photo. Je l'ai appris ce jour-là.

L'AVEU

J'avais imaginé un décor élaboré, qui évoquerait l'ambiance d'un bar de jazz un soir de spectacle, mais à cause des contraintes de budget, je ne pouvais même pas faire transporter un piano en studio. C'est pourquoi j'ai choisi de faire un portrait plus intimiste.

Si vous voulez tout savoir, pour cette photo, j'ai utilisé un appareil reflex argentique 35 mm F4 de Nikon, une pellicule noir et blanc et un objectif 105 mm fixe avec une bague-allonge. Le sujet, éclairé par une boîte lumineuse à sa gauche, est placé devant un fond moiré éclairé.

DAVID LA HAYE

Studio, Montréal, juin 1997
Commande d'un magazine

Dans les yeux d'un acteur, il y a toujours quelque chose à saisir, une lueur, un drame, un mystère. C'est presque impossible de ne pas réussir les photos d'un acteur. L'habitude du jeu, de la concentration, la fréquentation assidue d'états d'âme aussi complexes que divers en font des sujets riches, habités d'une force émotive brute. Par ailleurs, un acteur n'a pas droit à une mauvaise journée. S'il doit monter sur scène, sa mélancolie, sa colère, sa fatigue passent bien après les exigences du personnage. Même les sentiments les plus négatifs lui servent sur scène ou au cinéma. On a fait, David La Haye et moi, toutes sortes de photos ensemble, de face, de profil, en couleurs, en noir et blanc, dans un éclairage clair et plus foncé. On ne voit qu'un œil du sujet sur ce portrait, mais cet œil dit tout. Pour cette photo, je lui ai demandé de se placer de profil, puis de se tourner vers moi. Son nez très droit et ses traits fins évoquent les figures peintes en silhouette sur les vases étrusques.

L'AVEU

On a fait plus de 50 photos. Mais je savais tout ce temps que la première était la bonne.

Si vous voulez tout savoir, cette photo a été prise sur un fond gris avec un appareil reflex argentique 35 mm, le F5 de Nikon, un zoom 80-200 mm et une pellicule Polapan. La lumière vient d'une boîte lumineuse placée un peu plus haut que le sujet, sur sa gauche. Un carton noir jette le côté droit de son visage dans le noir.

Les gens qui passent par mon studio, tous sans exception, y viennent pour travailler. Poser pour la couverture d'un magazine, c'est un travail. Faire les photos pour une pochette de disque aussi. Jouer au mannequin pour un magazine de mode quand ce n'est pas son métier, c'est encore une fois du travail, et pas toujours le plus facile. En revanche, selon le climat qui s'installe pendant la séance, le travail peut basculer du côté du plaisir et y demeurer pour le reste de la journée. Veiller à ce que les personnalités que je photographie passent un moment agréable fait partie intégrante de mon métier. Ce jour-là, par exemple, nous devions, France Beaudoin et moi, faire une couverture pour *Châtelaine*. La commande, comme toutes les demandes de photo de couverture, était plombée de contraintes : France devait tenir un petit chien, le petit chien devait être placé à une certaine hauteur (pour laisser de la place au texte qui accompagnerait la photo). On a donc joué à « monte le chien, baisse le chien » une partie de l'après-midi. Ce qui aurait pu devenir un exercice mécanique, voire affligeant, est devenu assez comique en fin de compte. D'ailleurs, la légèreté de cette prise de vue est en grande partie attribuable à France Beaudoin, qui est une personne très détendue. Pour cette photo-ci, prise à la toute fin de la séance et réservée aux pages intérieures du magazine, je suis restée seule avec elle pendant que les autres membres de l'équipe rassemblaient leurs affaires. Le chien, lui, était déjà parti.

L'AVEU

J'ai trouvé France Beaudoin bien petite quand elle est entrée dans le studio; c'était avant de me rendre compte qu'elle a exactement ma taille et mon gabarit.

Si vous voulez tout savoir, cette photo a été prise à la lumière naturelle avec un appareil reflex numérique EOS-1Ds Mark II et un zoom 80-200 mm.

Montréal, septembre 1996
Commande d'un magazine

C'était un véritable honneur pour moi de rencontrer et de photographier Marcelle Ferron, signataire de *Refus global* et peintre importante de l'histoire de l'art du Québec. Ce portrait a été fait à la veille d'une rétrospective consacrée à l'artiste au Musée d'art contemporain de Montréal. On n'a pourtant pas parlé de ça du tout. Il se trouve qu'elle et moi avions des connaissances communes et l'évocation de leurs noms a fait jaillir chez Marcelle Ferron un torrent de souvenirs qu'elle m'a racontés sans tarir. Ses propos me révélaient des pans entiers d'une époque révolue. Ce portrait, plus que n'importe quel autre des portraits que j'ai faits, est celui d'une femme qui se raconte et d'une photographe qui l'écoute. La cigarette est plus qu'un accessoire : elle fait l'aisance du sujet, même si plus aucun magazine n'imprime de cigarettes depuis des lustres. Marcelle Ferron était une femme énergique et affairée : après les deux premiers essais, avant même que je commence à faire les photos, elle s'est levée en s'exclamant : « Bon, c'est enfin fini ! » Le moins qu'on puisse dire, c'est qu'elle n'aimait pas être photographiée, pas plus sans doute qu'elle n'acceptait de montrer ses œuvres en cours. De fait, j'avais vu, quand elle avait entrouvert un bref instant la porte de son atelier pour que j'y jette un œil, toutes ses toiles retournées face contre le mur, à l'abri des regards. L'atelier était pour elle un lieu privé. C'est pour cette raison que je l'ai photographiée dans sa salle de séjour, où l'on peut quand même deviner un de ses dessins à l'arrière-plan. Sa maison avait quelque chose d'un musée : des tubes de peinture ouverts jetaient sur les comptoirs de la cuisine de petites taches colorées. C'est une image qui me reste d'elle.

L'AVEU

Vers la fin de la séance, je me suis assise sur une chaise dans le coin de la pièce. Dans la seconde, mes fesses ont traversé le siège. J'étais vraiment très gênée. Quand j'ai levé la chaise pour la remettre sur ses pattes, j'ai vu que le dessous du siège était couvert de gros ruban adhésif. Mes fesses n'étaient certainement pas les premières à passer par là. Ça m'a un peu consolée.

Si vous voulez tout savoir, cette photo a été faite avec un appareil reflex argentique 35 mm F5 de Nikon, une pellicule noir et blanc et un objectif 105 mm fixe. Le sujet est éclairé par une boîte lumineuse à sa gauche.

CÉLINE DION

Studio, Montréal, septembre 1994
Commande de Sony Musique pour la
pochette du CD de Céline Dion

Les hasards qui m'ont menée à faire la photo
de l'album *D'eux* de Céline Dion sont nombreux.
J'ai d'abord rencontré le directeur artistique
de Sony Musique, Vito Luprano, à l'occasion d'une
séance de photos pour un autre artiste de Sony.
Nous faisions ce jour-là des photos extérieures
par un temps sombre et moche. L'humeur de Vito
Luprano s'accordait avec le temps. Sans me
le dire, il se répétait en son for intérieur qu'il ne
sortirait rien de bon de cette séance. Quand il a
finalement vu les photos, le nuage gris au-dessus
de sa tête s'est aussitôt dissipé. Les photos,
faites en procédé croisé, portaient des contrastes
vifs et des teintes riches et profondes. Il a écrit
à ce moment-là mon nom sur un signet mental.
Plusieurs mois plus tard, il cherchait un photographe pour l'album de Céline Dion ; quelqu'un
lui a suggéré mon nom, il s'est souvenu de moi,
et la suite de cette histoire est imprimée sur la
pochette d'un album vendu à plusieurs millions
d'exemplaires. Quand j'ai su que j'avais le
contrat, j'ai mis en branle l'une des plus impor-
tantes préparations de ma carrière. J'ai fait
monter quatre décors, dont un lit couvert de roses
où Céline était allongée dans une position pour
le moins inconfortable. Céline Dion est, de toute
évidence, la même en personne qu'à la télé, et
de le dire ici ne créera pas de grands remous dans
les chaumières. Elle correspond à ma définition
personnelle d'une star, c'est-à-dire quelqu'un qui
se prête avec un immense professionnalisme
au jeu de la promotion, des médias, des tournées,

même si son esprit vole à des kilomètres de ce
qu'elle est en train de faire. Ce jour-là, son
mariage à venir était au centre de ses préoccupa-
tions, mais toute sa concentration était avec
l'équipe et moi dans le studio. De mon côté, j'étais
très absorbée par mon arsenal technique et je
souhaitais de toutes mes forces que la séance se
déroule bien. On s'est donc peu parlé ce jour-là.
Par la suite, j'ai photographié Céline Dion à
quelques reprises et, à chaque séance de photos,
elle donne tout ce qu'elle a pour que ses portraits
soient une réussite. C'est le travail qu'il y a
derrière son succès qui m'impressionnait alors
et qui me fascine encore aujourd'hui. L'idée de cette
photo est venue des cheveux courts de Céline
et des vêtements à la garçonne choisis par sa
styliste de l'époque, qui lui donnaient un look dandy
et androgyne, à mille lieues de mon idée initiale
du lit de roses. Au final, j'ai remis huit choix à Sony.
Le choix définitif lui appartenait.

L'AVEU

Quand Céline a vu le lit de roses, elle a demandé :
«Ce n'est pas un peu déjà vu ?» Sur le coup,
j'admets que ça m'a insultée – on y avait mis
beaucoup d'efforts, après tout –, mais je me suis
ralliée. C'est bien la preuve que ce ne sont pas
les idées sur lesquelles on s'acharne le plus qui
donnent les meilleurs résultats.

Si vous voulez tout
savoir, j'ai utilisé
pour cette photo
un appareil reflex
argentique Pentax
6x7 et un objec-
tif 165 mm fixe.
Le fond blanc est
éclairé par deux
parapluies placés
à 45° du fond et le
sujet est éclairé par
un seul parapluie,
placé à sa gauche,
juste un peu plus
haut que son visage.

ÈVE SALVAIL

Studio, Montréal, septembre 1994
Commande d'un magazine

Ève Salvail est une mannequin québécoise dont la carrière a été propulsée sur les plus prestigieux podiums du monde – ceux de Jean Paul Gaultier, de Karl Lagerfeld et de Versace, notamment – le jour où elle s'est rasé les cheveux et fait tatouer un dragon sur le crâne. Ce geste l'a inscrite dans l'un des virages radicaux de l'histoire de la mode internationale et en a fait l'une des figures de proue de la tendance androgyne. Une commande d'un magazine de mode qui consacrait un reportage aux accessoires est à l'origine de ce portrait d'Ève Salvail; il est donc venu d'une simple photo de collier. Ce type de confusion entre le sujet et l'objet révèle mieux que n'importe quelle explication mon approche de la photo de mode : celle-ci est d'abord et avant tout un portrait. Contrairement à un préjugé très répandu, un mannequin n'est pas un porte-manteau, et les vêtements qu'il

présente doivent faire partie d'un ensemble, d'une histoire ou d'un moment, sans l'éclipser en tant que personne. Cette philosophie a été portée à son comble ici : le collier d'Ève est flou. C'est l'intensité du sujet, qu'on lit sans peine dans son œil, qui fait cette image. Certains sujets n'ont pas la moitié de cette intensité dans leurs deux yeux.

L'AVEU

Je ne savais pas si le directeur artistique du magazine apprécierait le fait que le collier qu'il m'avait demandé de photographier était flou. Mais de mon côté, c'est cette photo-là et aucune autre que je voulais faire, alors je n'avais pas de plan B. Heureusement, il l'a aimée...

Si vous voulez tout savoir, ce portrait a été réalisé à la lumière du jour : le sujet, placé sur un fond gris qui n'est pas éclairé, fait face à la fenêtre. J'ai utilisé un appareil reflex argentique Pentax 6x7, une pellicule noir et blanc et un objectif 200 mm fixe muni d'une bague-allonge.

LOUISE LECAVALIER

Studio, Montréal, juillet 1991
Commande d'un magazine

Louise Lecavalier, muse d'Édouard Lock et danseuse fétiche de La La La Human Steps pendant 18 ans, a été photographiée ici alors qu'elle était à un sommet de maîtrise de son style : une danse désordonnée à la précision de scalpel, faite de mouvements bouillants, de gestes presque violents, atténués par son allure d'ange éthéré. C'était à quelques semaines de sa participation au spectacle de David Bowie et je la photographiais pour un reportage mode. Comme elle se démarquait par ses cheveux blancs et son teint pâle, j'ai choisi de l'habiller tout en blanc et de lui faire porter une crinoline. Ce qui m'a abasourdie de cette fille-là, délicate et menue, c'est sa force physique. Pour arriver à cette photo, elle a sauté 20, 30, 40 fois dans les airs, toujours très haut, sans l'aide d'un trampoline, faut-il le préciser. Ses mouvements étaient chaque fois synchronisés, chaque fois parfaits. Ce qui est le plus sollicité du photographe placé face à un danseur en mouvement, c'est le sens du *timing*. Le danseur compose et recompose la même phrase chorégraphique : le photographe doit d'abord regarder ce qui est le plus beau dans cette phrase et s'appliquer ensuite à appuyer sur le déclencheur pile-poil à ce moment-là. Ni une milliseconde avant ni une poussière après. Une fois que le déclencheur répond, il n'y a aucune certitude que les cheveux ou les vêtements ne feront pas tout rater. Avant d'arriver à une seule excellente photo, il faut en faire des centaines de «presque» réussies. C'est donc, pour le photographe, un travail d'orfèvre, et pour le danseur, un don de soi sans réserve à chaque déclic.

L'AVEU

Je n'avais jamais vu, de ma vie, une artiste pareille. J'ai été franchement soufflée par son travail.

Si vous voulez tout savoir, cette photo a été faite avec un appareil reflex argentique 35 mm, le F4 de Nikon, une pellicule noir et blanc à gros grain, pour imiter l'effet d'un dessin, et un zoom 50 mm. Le sujet, photographié sur un fond foncé pour augmenter le contraste, est éclairé par une boîte lumineuse à sa droite et un flash spécial, plus rapide qu'un flash classique, qui arrête le mouvement du sujet.

EMMANUEL BILODEAU
ET PHILOMÈNE, SA FILLE

Studio, Montréal, août 1996
Commande d'un magazine

Je le dis souvent au fil des pages de ce livre : il faut toujours se demander ce que l'on veut photographier avant de cadrer et d'appuyer sur le déclencheur. Dans cette image-ci, la réponse à cette question aurait pu tout changer. Est-ce que c'est le portrait d'un père? D'un comédien? D'un nouveau-né? À mes yeux, c'est la vulnérabilité d'un père et de sa fille qui est donnée à voir ici. Et l'amour de l'un pour l'autre. Un sujet photographié avec son enfant s'oublie plus facilement que s'il est seul face à l'appareil. Son attention ne se porte plus sur son malaise, mais sur une autre personne, et de très belles images viennent de cet abandon. Tout ça est évident sur cette photo où Emmanuel Bilodeau tient sa fille de quelques semaines sur son cœur. Cette image n'est donc pas tout à fait un portrait classique, bien qu'elle résume ce qui fait la vérité d'un portrait réussi : un visage où se lit la vie.

L'AVEU

L'enfant d'Emmanuel Bilodeau est un peu flou. Mais la photo a été faite à la lumière naturelle.

Si vous voulez tout savoir, j'ai utilisé un appareil reflex argentique 35 mm F5 de Nikon, une pellicule Pola-pan et un zoom 80-200 mm. Pour photographier les deux visages, il me fallait une bonne profondeur de champ, qui demande plus de lumière. Je tenais mordicus à faire cette photo à la lumière du jour, qui était pourtant faible cette journée-là. J'ai donc, en toute connaissance de cause, pris un risque... pour arriver au résultat que vous lirez dans l'aveu.

ANNE MURRAY

Studio, Toronto, juin 2001
Commande d'Anne Murray pour
la pochette de son album

La première fois que j'ai photographié Anne Murray, j'ai bien senti que je devais faire mes preuves. Cette grande dame de la chanson canadienne-anglaise a été photographiée par certains des meilleurs photographes de partout. Quand on m'a appelée pour me proposer de faire les photos de la pochette de son prochain album, je ne connaissais ni son nom ni son visage, mais je me suis vite rendu compte que je connaissais la plupart de ses chansons, qui font partie à vrai dire de nos références collectives. Avant la séance, j'ai fait mes devoirs : j'ai regardé les photos qui avaient été prises d'elles par d'autres, j'ai étudié ses traits et son visage et, à quelques semaines de la séance, j'ai appelé son attachée de presse pour lui demander si je pouvais amener mon maquilleur et mon coiffeur à la séance photo. La réponse a été plutôt ferme : Anne Murray a dit oui pour le maquilleur, mais ne voulait pas que quelqu'un d'autre que son coiffeur personnel touche à ses cheveux. L'incident est tombé dans l'oubli, jusqu'au jour de la prise de vue. On ne s'était pas encore présentées qu'elle s'est approchée de moi, a soulevé ses lunettes fumées de son nez et m'a lancé la question qui tue : *What's wrong with my hair?* Oh! Quelle belle manière j'avais

trouvée de commencer ma relation avec Anne Murray! Je m'en félicite encore aujourd'hui. *Nothing, nothing at all!* ai-je finalement lâché, le rouge aux joues. Le reste de la journée s'est bien passé. Le fond de l'histoire, c'est qu'il n'y avait pas de problème majeur avec ses cheveux, je voulais juste moderniser un peu sa coiffure. Quand on me confie ce genre de projet, qui touche de près à l'image d'un artiste, je cherche à saisir quelle sera ma contribution. Après le dîner, on a regardé les premières photos prises sur Polaroïd, et c'est à ce moment-là que ça a cliqué entre elle et moi. Anne Murray, à qui revient en toute chose la décision finale, est cependant une personne d'équipe; elle aime travailler avec des gens qui la connaissent et lui sont fidèles. Sa confiance, je l'ai finalement gagnée pour plus longtemps qu'un après-midi : nous venons de signer de notre collaboration les photos d'un quatrième album, même si elle jure chaque fois que c'est son dernier album.

L'AVEU

Anne Murray a toujours le même coiffeur qu'avant notre rencontre.

Si vous voulez tout savoir, cette photo a été faite avec un appareil reflex argentique Pentax 6x7, une pellicule noir et blanc et un objectif 200 mm fixe. Le sujet est éclairé par une boîte lumineuse inclinée vers le bas, un peu à sa gauche, au-dessus de l'appareil photo.

CÉLINE BONNIER

Montréal, février 2004
Commande d'un magazine

À la veille de la sortie de *Monica la Mitraille*, Céline Bonnier s'est prêtée au jeu de la photo rétro, dans un restaurant de Montréal. Au cinéma, on utilise le terme anglais *locations* pour les endroits en dehors du studio où l'on fait des photos. Celles-ci mettent les sujets en contexte, lèvent le rideau sur un pan de leur vie ou, au contraire, les campent dans une autre époque, une autre ville, une autre existence tout à la fois. C'est un jeu qui dure le temps d'une photo et qui dépend, bien sûr, des budgets et des délais. Parfois, c'est le magazine qui décide de l'endroit, mais souvent, c'est le photographe qui propose un lieu, en fonction de son idée et de l'univers qu'il souhaite inventer. Alors que les photos prises en studio ont souvent entre elles un air de famille, les photos faites en extérieur voyagent d'un lieu à l'autre et aiguisent les sens du photographe, qui refuse d'être confiné au seul studio.

Pour cette photo, j'ai donc voulu transporter Céline Bonnier dans les années soixante, époque où a vécu Monica la Mitraille. Cette femme libre et frondeuse dégageait une grande sensualité, raconte-t-on. C'est, à mon avis, un des nombreux traits qu'elle et Céline Bonnier ont en commun.

L'AVEU

Les photographes adorent les cigarettes, qui créent beaucoup d'ambiance dans l'image. J'aurais voulu mettre une cigarette entre les doigts de Céline Bonnier, ce qui aurait accentué l'effet rétro et le parallèle avec le personnage de Monica, mais si je l'avais fait, le magazine aurait refusé la photo.

Si vous voulez tout savoir, j'ai utilisé pour ce portrait un appareil reflex argentique Pentax 6x7 avec un objectif 200 mm fixe. Le sujet est éclairé par la lumière du jour, appuyée par une boîte lumineuse au-dessus de l'appareil, qui entre par de grandes fenêtres et fait briller les reliefs du tissu de la jupe et du corsage.

CHRISTIANE CHARETTE

Studio, Montréal, décembre 1998
Commande de Christiane Charette pour la promotion
de son émission à Radio-Canada

Christiane Charette déteste se faire prendre en photo, elle me l'a dit d'emblée. Elle est pourtant arrivée à la séance photo comme elle arrive en entrevue, c'est-à-dire bien préparée : elle s'était renseignée sur mon travail et avait en plus de ça rassemblé des coupures de magazines qui montraient un style d'image qui lui plaisait et des coiffures ou des maquillages qu'elle se voyait bien porter. Comme elle s'habille toujours d'un tailleur noir, la question des vêtements a été vite réglée. On s'est plutôt attardées à ses expressions : je la voyais espiègle, elle se voyait plutôt inquisitrice. On a travaillé autour de ces idées-là pour arriver à différents résultats qui donnent le plus souvent l'impression qu'elle est prise sur le vif pendant son émission, alors qu'on la voit réagir si souvent de façon spontanée aux propos de ses invités. Avant même de la connaître, j'étais une des plus ferventes admiratrices de *Christiane Charette en direct*. J'aimais tout de sa façon d'animer son émission : sa candeur, son audace, son habileté et sa finesse dans les entrevues.

Je souhaitais l'amener à moins détester être prise en photo. Je doute d'y être arrivée, mais j'espère que, pour un court instant, ce portrait d'elle le lui a fait un peu oublier.

L'AVEU

Je n'avais jamais vu un sujet aussi bien préparé pour une séance de photos.

Si vous voulez tout savoir, j'ai utilisé pour cette photo mon appareil reflex argentique 35 mm F5 de Nikon et un zoom 80-200 mm. Le fond blanc est éclairé. La lumière arrive sur le sujet depuis deux boîtes lumineuses, l'une en haut et l'autre en bas de l'appareil photo.

BERNARD LEMAIRE

Studio, Montréal, octobre 2002
Photo d'entreprise

Bernard Lemaire est ingénieur. Il est l'un des trois fondateurs, avec son père et son frère Laurent, de Papier Cascades, dont il a été président jusqu'en 1992. Cette année-là, il a cédé la présidence à son frère Laurent, mais il est resté chef du conseil d'administration de l'entreprise. Je l'ai photographié en 2002 pour le rapport annuel de Cascades, conçu par le studio de design graphique Nolin. La directrice artistique de l'agence avait proposé à Cascades un rapport annuel audacieux dans son genre qui présentait les membres de la direction vêtus de cols roulés dans des plans très serrés. Ça peut paraître étrange, mais ce type d'approche est un pari pour un document confiné, selon l'usage, aux photos protocolaires en veston-cravate. M. Lemaire est un homme authentique et vrai, peu habitué à toute l'attention qu'il a reçu des coiffeur, maquilleur et styliste affairés autour de lui. Cette agitation ne l'a pourtant pas déstabilisé. Il s'est placé devant l'appareil, et on a fait la photo sans plus de cérémonie. Bernard Lemaire dégage le calme et la sagesse d'un patriarche. On a envie de se confier à lui et de lui demander conseil sur n'importe quel sujet.

L'AVEU

Quand on a regardé les premiers essais, la directrice artistique et moi nous sommes écriées d'une même voix : «Mais c'est Sean Connery !»

Si vous voulez tout savoir, j'ai utilisé pour ce portrait un appareil reflex argentique 35 mm F5 de Nikon et un objectif 105 mm fixe avec bague-allonge. Le sujet est éclairé par une boîte lumineuse placée légèrement de côté, à sa droite.

Montréal, juillet 2007
Commande d'un hebdo

Kent Nagano dit et redit aussi souvent qu'il en a l'occasion, soit dans presque toutes les entrevues qu'il accorde, que l'OSM appartient à la communauté. Cet amoureux de Montréal, de sa vivacité et de ses curiosités ne confine pas son travail aux seuls murs de la Place des Arts. Ses partitions, il les prend sous son bras et va les étudier dans les cafés, là où la vie bat elle aussi la mesure. Quand le projet de ce livre s'est mis en branle, j'ai tenté à plusieurs reprises d'organiser une séance photo avec le maestro Nagano, mais je ne suis jamais arrivée à joindre les gens des communications de l'OSM. J'étais sur le point de renoncer pour de bon à cette idée quand le rédacteur en chef de *Voir* me passe un coup de fil, un jeudi matin, et me dit : «Il paraît que vous voulez photographier Kent Nagano?» Je me demandais bien comment il savait ça. Une séance de photos pour la couverture du journal était prévue pour le lundi suivant; c'était un autre photographe qui devait faire ces photos, mais, au dernier instant – je n'ai pas su pourquoi –, les plans ont changé. C'est la directrice des communications de l'OSM qui a dit au journal *Voir* que je voulais faire un portrait de Kent Nagano, et les circonstances ont tout arrangé en ma faveur. Les contraintes, de temps surtout, étaient nombreuses : il restait quelques jours à peine pour la préparation. La séance elle-même ne devait pas dépasser une heure, ce qui est très court pour une tâche qui prend normalement trois heures. L'OSM avait spécifié que le lieu ne devait pas être à plus de 10 minutes de la Place des Arts. De mon côté, j'avais envie de faire une photo qui allait changer le regard posé sur Kent Nagano, souvent photographié avec une expression dramatique. Et je voulais qu'il soit dans un endroit public, un café. J'ai parlé de cette idée de photo actuelle et décontractée avec la styliste. Parmi ses nombreux choix de vêtements, elle a donc glissé une écharpe jaune citron. On ne savait trop ce qu'allait penser Kent Nagano de cette proposition. Il a souri et nous a dit : « C'est vous les artistes, vous décidez . » J'ai eu un coup de cœur pour cet homme à la fois réservé et audacieux. On a commencé par faire une photo de lui assis à une table du café, mais je n'étais pas sûre du résultat. Il fallait penser vite, il ne restait que quelques minutes à la séance. Je lui ai demandé de s'approcher de la fenêtre et moi, je suis sortie sur le trottoir. Comme cette photo n'était pas prévue, on n'avait pas apporté de ventilateur. Il nous fallait trouver une façon de dégager ses cheveux de son visage. Mon assistant a donc pris un panneau «Interdiction de stationner» qui se trouvait sur le trottoir et s'en est servi comme d'un éventail. C'est à ce joyeux manège qu'on doit le sourire de Kent Nagano.

PREMIER AVEU

Le photographe prévu à l'origine du projet va apprendre ici qui l'a remplacé à pied levé, alors que, de mon côté, je ne sais toujours pas qui c'est.

SECOND AVEU

Les «artistes» ont décidé que l'écharpe jaune citron serait plus dans le ton en noir et blanc.

Si vous voulez tout savoir, pour cette photo, j'ai utilisé un appareil reflex numérique EOS-1Ds Mark II et un zoom 80-200 mm. Le sujet est photographié à la lumière naturelle, réfléchie par un carton blanc.

JERRY SNELL

Studio, Montréal, février 1994
Commande d'un magazine

Jerry Snell est un artiste pluridisciplinaire fascinant. Tout le temps qu'a duré la séance de photos,
j'ai été captive de son univers, de son feu, de sa
singularité, même de son accent anglais. D'un
bout à l'autre de la journée, j'ai été à l'affût de ses
prochains gestes, alors que lui cherchait dans
mes indications le sentier qui allait nous mener
à ce qu'il fallait faire : un reportage mode.
Jerry Snell est musicien, chanteur, acteur, metteur
en scène, chorégraphe. Membre fondateur de
Carbone 14, cet artiste inclassable a une immense
aisance physique, qui a certainement contribué
à la réussite de ce portrait. Mais le reste des
explications tient de l'anecdote. On lui a demandé
de revêtir ce chandail blanc et, quand il est sorti
de la salle d'essayage, j'ai vu un captif dans
une camisole de force. On a donc fait un nœud
dans le bas du vêtement et je lui ai demandé de
jouer un interné qui essaie de se défaire de son

entrave. Il a caché ses mains dans ses manches
et a commencé à se débattre, comme électrifié.
Tout ce que cet homme dégage, ses mains, son
visage, ses yeux, est renversant. Quand on voit
ce type de portrait, on se demande toujours, moi
la première, ce que le photographe a bien pu dire
au sujet pour en arriver là. Cette photo, je l'ai
d'abord confiée à l'imaginaire de mon sujet, avant
qu'il me la rende, incarnée.

L'AVEU

J'ai rencontré ce jour-là un sujet qui m'a laissée
aller au bout de mon intuition de création et qui
m'a fait vivre un moment de pure grâce. J'en suis
revenue encore plus passionnée par mon métier.

Si vous voulez tout
savoir, ce portrait
a été fait avec un
appareil reflex
argentique Pentax
6x7, une pellicule
noir et blanc et un
objectif 165 mm fixe.
La lumière naturelle
était insuffisante
le jour de la prise
de vue. Le sujet est
donc éclairé par
trois parapluies
placés derrière une
soie blanche d'en-
viron 3 m² montée
sur une structure en
métal. Cette installa-
tion sert à imiter la
lumière du jour.

KARINE VANASSE

Studio, Montréal, janvier 2004
Projet personnel

Il m'arrive de temps à autre de prendre une journée entière pour faire des tests photographiques. Il est très rare que l'on tente de nouvelles expériences en séance photo, parce qu'une erreur coûte cher en temps et en argent et que le propre du travail d'exploration, c'est de se lancer dans le vide. La recherche doit donc être faite à part, et si elle frôle la catastrophe, ça n'aura aucune conséquence grave. Quand j'ai proposé à Karine Vanasse d'être mon sujet, ça faisait un bon moment que je voulais faire des tests de textures et d'éclairage avec un vieil appareil photo 4x5, de ceux qui ont un rideau pour recouvrir la tête du photographe. Ce type d'appareil me permettait de faire des essais de photos d'époque, avec des perles, des brocards, des plumes et de la dentelle. J'ai choisi Karine Vanasse parce qu'elle a une beauté des années trente, soit des traits fins et un visage rond qui exprime la fraîcheur de la jeunesse. C'est aussi une comédienne polyvalente qui aime le jeu de la métamorphose. Le 4x5 est un appareil lourd et lent qui allonge la séance et ne permet pas une grande spontanéité. Il demande de se préparer et de prendre son temps. Ce n'est pas juste le résultat des photos, ni les gants, ni le canapé de velours qui m'ont fait faire un saut dans le temps, mais la journée au complet avec son rythme lent et la méthode de travail à l'ancienne. Karine Vanasse a été d'une patience exemplaire.

L'AVEU

Les journées comme celles-là, où il n'y a pas de commande ni de contraintes, j'ai l'impression d'être en vacances.

Si vous voulez tout savoir, j'ai utilisé un objectif fixe 150 mm et un appareil 4x5 avec un dos Polaroïd, qui permet de voir le résultat tout de suite et de faire des ajustements en cas de besoin. Karine Vanasse est éclairée par une boîte lumineuse à sa gauche et placée au-dessus d'elle.

FRANCO NUOVO
ET SARAH, SA FILLE

Studio, Montréal, juillet 2003
Commande d'un magazine

L'idée de départ pour ce portrait était de reproduire les photos de photomaton, drôles, vivantes,
sympathiques. Allez savoir pourquoi, j'ai sorti
mon Hasselblad des grands jours. Ce type
d'appareil incarne presque à lui seul l'histoire de
la photo. Sa présence dans le studio installe une
sorte de décorum qui ne cadrait pas du tout avec
l'esprit photomaton. J'ai donc changé d'appareil
en cours de séance, ce qui n'arrive pas si souvent,
à vrai dire. J'ai fait divers essais avec les sujets :
je leur ai demandé de se placer côte à côte, face
à face, mais le moment que j'attendais se laissait
désirer. Quand le père et la fille étaient séparés
l'un de l'autre, on ne sentait ni leur proximité ni
leur complicité, pourtant palpables en dehors
des prises. Après avoir mis en scène des moments
drôles, auxquels on ne croyait pas, on a plutôt
exploré la tendresse. Franco Nuovo a pris sa fille
Sarah dans ses bras, Sarah a spontanément
relevé ses mains sur les avant-bras de son père.
Je leur ai juste demandé de fermer les yeux avant
d'appuyer sur le déclencheur. Leur relation m'a
beaucoup attendrie. C'est le genre de lien, rare
entre un père et sa fille, qui donne envie d'être à
leur place. Dans la vie comme sur la photo.

L'AVEU

Si j'avais fait un portrait de Franco Nuovo seul,
c'est certain que je l'aurais photographié de côté :
il a un véritable profil de pièce de monnaie.

Si vous voulez tout
savoir, j'ai pris cette
photo avec un appa-
reil reflex argentique
35 mm, le F5 de
Nikon, une pellicule
noir et blanc et un
zoom 80-200 mm.
Les sujets, placés
devant un fond
blanc non éclairé qui
paraît gris au final,
sont éclairés par
une boîte lumineuse
placée à la hauteur
de Franco, à sa
droite.

VÉRONIQUE CLOUTIER

Studio, Montréal, août 2006
Commande d'un magazine

Véronique Cloutier appartient, en quelque sorte, à tout le monde. Sa vie est détaillée dans les magazines à potins, soumise à l'approbation générale. Chacun y va ensuite de son avis, et ainsi tourne la roue, jusqu'à la nouvelle histoire croustillante. Celle qu'on appelle Véro connaît comme le fond de sa poche cette industrie qui l'a vue grandir. Et elle s'accommode en général assez bien de ses excès, semble-t-il, bien que le jour où je l'ai photographiée pour la première fois, un journaliste venait de pousser l'indiscrétion jusqu'à révéler son adresse personnelle dans un article. Cette fille, qui a un sens de la répartie redoutable et un très fort caractère, nous a relaté cet incident à l'heure du lunch et nous a beaucoup fait rire. Le matin, nous avions fait les photos pour la couverture de *Châtelaine* et nous devions faire les photos pour l'intérieur du magazine en après-midi. Toute cette conversation

sur la frontière entre ce qui se raconte et ce qui devrait être épargné par la curiosité générale m'a trotté dans la tête. C'est ce qui m'a donné mon idée pour les photos de l'après-midi. Alors qu'on voit toujours Véronique Cloutier souriante et lumineuse, d'aplomb en toutes circonstances, j'ai choisi de lui faire prendre une pause à l'ombre.

L'AVEU

Mon assistant ne passe jamais de commentaires sur les personnalités qui viennent au studio. Mais cette fois-là, il m'a avoué qu'il avait été très impressionné par Véronique Cloutier...

Si vous voulez tout savoir, j'ai fait ce portrait avec un appareil reflex numérique EOS-1Ds Mark II et un zoom 80-200 mm. Le sujet est photographié à la lumière du jour ; la source principale, derrière son dos, est réfléchie par un carton blanc.

LUCIE LAURIER

Montréal, juillet 2006
Commande d'un magazine

Lucie Laurier est arrivée où elle est aujourd'hui à force d'acharnement, je peux en témoigner. Je l'ai connue il y a bien longtemps, alors que sa sœur travaillait à mon studio, dans la chambre noire. La petite Lulu, comme on l'appelait, venait faire un tour de temps à autre. Le souvenir que je garde d'elle est celui d'une enfant mi-fillette, mi-garçon manqué, qui contraste peut-être avec la femme racée d'aujourd'hui, mais reste tout à la fois fidèle à celle qu'elle est devenue, soit une fille plutôt timide, aussi à l'aise entourée d'hommes ou de femmes, dont les nombreuses facettes se déploient à mesure que sa carrière progresse. Cette comédienne se glisse sans peine dans la peau d'un mannequin. Elle aime être photographiée, se prête au jeu de la métamorphose avec grand plaisir. Mais elle a ce quelque chose en plus que la plupart des mannequins n'ont pas, soit un talent pour le jeu, qui lui permet de proposer des personnages différents à mesure que ses vêtements changent. Elle est aussi un excellent sujet, parce qu'elle connaît très bien son visage, sait ce qu'elle aime et n'aime pas de ses traits, et se présente avec beaucoup d'assurance devant l'appareil.

L'AVEU

Au début de la journée, Lucie et moi avions des réserves quant à la coiffure très lisse. C'était une idée de la rédactrice en chef. Mais il s'avère que ça a été un excellent choix, qui donne un air ancien à cette image.

Si vous voulez tout savoir, j'ai utilisé pour ce portrait un appareil reflex numérique EOS-1Ds Mark II et un zoom 24-70 mm. Le sujet est éclairé par la seule lumière du jour.

LE SUJET

Le sujet est le battement, vivant et imprévisible, du portrait. Le souci de lui rendre justice va main dans la main avec le désir de faire une bonne photo. Le portrait d'un proche, d'un être aimé ou d'un étranger raconte notre regard sur cette personne ; c'est une interprétation parmi des centaines possibles. On la souhaite fidèle à la nature du sujet, bien qu'on tente tout à la fois de le montrer sous un nouvel angle. Photographier quelqu'un, c'est jouer avec la perception qu'il a de lui-même. C'est aussi parfois frapper à la porte de ses défenses et de sa résistance. La plupart des gens n'aiment pas être pris en photo. C'est plus qu'un sentiment désagréable, c'est une angoisse. Tout le monde a en commun cette peur de montrer quelque chose de soi qui échappe à son contrôle ou – pire – qu'il n'aime pas. Pour certains, ça se traduit en photophobie.

S'AIMER EN PHOTO

Un sujet qui souffre d'être photographié mérite que l'on s'y attarde, que l'on consacre à la réalisation de son portrait la patience et le temps nécessaires. Une photo réussie lui fait l'effet d'un bel étranger qui lui sourit dans la rue. Cette expérience brille tout en haut du palmarès des émotions fortes. Pour un sujet craintif, le chemin qui mène à la photo est sombre et semé d'embûches. Et la joie qu'il éprouve devant un portrait de lui-même qu'il juge réussi est le plus puissant des baumes contre la torture qu'il vient d'endurer.

LE MYTHE DE LA PHOTO PRISE À SON INSU

Nous pourrions tout de suite tirer une chose au clair : un sujet qui n'aime pas être photographié est toujours conscient de l'appareil photo, même quand il est (soi-disant) absorbé par une intense discussion. La « photo prise à son insu » est donc une invention des sujets, que les photographes font mine de croire pour avoir la permission de photographier leur sujet (prétendument) à son insu. Quand quelqu'un déclare qu'il est meilleur sur les photos s'il ne sait pas qu'il est photographié, ce qu'il dit au photographe est en fait ceci : « Merci de me laisser faire semblant que je ne sais pas que tu es là. » Voilà. Par contre, pour qu'un portrait soit réussi, le sujet doit participer. Il n'a pas à regarder l'objectif avec une dégaine d'acteur ou à rejeter la tête vers l'arrière dans un grand rire plein de laisser-aller, mais il doit offrir quelque chose, même une toute petite

lueur, au photographe. On en reparlera un peu plus loin. Le sujet qui se trouve bon quand il se fait photographier à son insu serait très surpris du résultat s'il se permettait de se laisser prendre au jeu.

LA PHOTOGÉNIE

La photogénie a, bien sûr, beaucoup à voir avec la morphologie du sujet, l'ossature de son visage et la façon dont celui-ci prend la lumière. Or, ça ne s'arrête pas là. Les gens qui ne se trouvent pas beaux en photo concluent qu'ils ne sont pas photogéniques. C'est un intéressant raccourci. La photogénie, c'est aussi la capacité d'un sujet à donner au photographe ce dont il a besoin pour faire son travail : de l'émotion, de la chaleur, de la transparence, de l'éclat et de la lumière. La photogénie est au portrait ce que le charme est à la beauté. Elle est donc plutôt de l'ordre de la générosité que de la perfection. Certaines personnes sont moins belles dans la vie – au strict sens plastique du mot –, mais font des photos magnifiques. Il arrive aussi souvent que des gens très beaux fassent des photos sans photogénie. Même si chacun a reçu sa part innée de photogénie, certains, par contre, ne se donnent pas la peine ou le droit de l'apporter chez le photographe. Pour aider nos proches à découvrir leur propre photogénie, le sens de l'observation fait des miracles : remarquez les expressions, les angles flatteurs, le travail de la lumière sur les traits du sujet. Quand viendra le temps de le photographier, vous pourrez lui faire découvrir ce que vous avez vu de lui et qu'il ignore peut-être encore : sa part de photogénie.

LE DÉCLIC INTÉRIEUR

Il se passe chez certains sujets, les gens qui sont photographiés souvent pour leur travail par exemple, une sorte de déclic qui les rend plus à l'aise devant l'appareil photo. C'est cette prise de conscience qui viendra chez n'importe quel sujet qui comprend la participation qui lui revient dans la réussite de son propre portrait. Faire une photo devient alors une tâche ; pendant que le sujet est occupé à cette tâche, il s'oublie peu à peu. Il met de côté ses complexes et son malaise et concentre toute son attention sur le photographe et sur ce qu'il attend de lui. Ne pas aimer être photographié n'est pas une condition irréversible chez tout le monde.

COUP DE GÉNIE

En début de séance, dites à votre sujet que vous faites des tests : en mode *test*, le sujet est moins conscient de l'appareil photo et plus enclin à se laisser aller. Qui sait ? Un test pourrait devenir le résultat final.

SE PERMETTRE D'ÊTRE UN BON SUJET

Le sujet ne fera jamais une proposition spontanée ; à ses yeux, se mettre en valeur – et encore faudrait-il qu'il sache comment – équivaut à une forme de vanité. Le photographe doit lui faire sentir qu'il est digne d'intérêt. Le sujet attend donc beaucoup plus que des directives, il attend une permission. Celle de rire, de sourire, d'attirer l'attention sur lui et de trouver ça assez agréable pour concéder une bonne photo. C'est au photographe de lui donner cette permission. Ce sera le propos du prochain chapitre.

MONTRER LES PHOTOS AU FUR ET À MESURE ?

Depuis l'avènement des appareils numériques, la plupart des sujets (pour ne pas dire tous) veulent voir leur photo dès que vous avez appuyé sur le déclencheur. Cette habitude a autant de chances d'avoir un effet décourageant qu'encourageant. De toute manière, si vous acceptez, vous aurez affaire à partir de ce moment à un sujet qui s'autodirige. À chaque déclic, il prendra note de ce qu'il n'aime pas et cherchera à ajuster le tir. Vous deviendrez un trépied plutôt qu'un photographe. Quant à votre sujet, il deviendra de plus en plus conscient de l'appareil photo, alors que le but de l'exercice est d'arriver à le faire oublier. À moins qu'il ne tape du pied en lançant par terre tout ce qui lui tombe sous la main, demandez à votre sujet d'attendre que vous soyez satisfait d'au moins deux ou trois photos avant de lui montrer quoi que ce soit.

DE DEUX CHOSES L'UNE

Photomaton ou photo de passeport ? Si les cabines ont connu leur lot de grimaces, d'yeux croches et de baisers enflammés, les photos de passeport ont reçu le reste : la grisaille, les visages fermés, les photos épouvantables qu'on-ne-montre-à-personne-à-moins-que-ce-ne-soit-un-douanier. Comme quoi là où il y a de la gêne, il n'y a pas de plaisir, et là où il n'y a pas de plaisir, il n'y a pas de bons portraits. Amusez-vous avec le sujet, les photos n'en seront que meilleures.

Quand on regarde un portrait de très près, on voit toujours le photographe dans l'œil du sujet, en particulier dans les gros plans. Cette relation est au cœur de la réussite du portrait : il s'installe entre les deux un lien qui détermine à tout coup la qualité du résultat. Ce rapport repose sur un pacte de confiance; le photographe tient l'appareil photo entre ses mains, il a par conséquent le contrôle de la situation. Contrairement au sujet, il n'a pas le loisir d'ignorer ce qu'il fait. Et sa première tâche est d'accompagner celui-ci tout au long de la prise de vue, sans jamais l'abandonner à son sort. Il y a un moment pour prendre quelqu'un en photo et une façon de l'aborder. La manière dont on s'y prend a une grande importance, plus grande encore que la somme des connaissances techniques de l'encyclopédie des connaissances techniques. Une personne refermée sur elle-même, que ce soit le sujet ou le photographe, ne fait pas de bonnes images. Votre travail est de sortir de vous-même pour aller rejoindre l'autre là où il est et lui permettre de réaliser une bonne photo. Le travail du sujet est de livrer une expression, une émotion, un bref instant de sa vie. Le vôtre est de le convaincre de vous le donner.

L'IDÉE DE DÉPART

La plupart des photos de nos proches sont des photos spontanées, prises un jour de fête ou en voyage, sans préparation. Si vous avez toutefois une idée de portrait, allez au bout de cette idée.

Demandez la participation de la personne concernée. Par exemple, votre mère a fait un jardin et vous voulez prendre une photo d'elle parmi les fleurs, ou votre père est en train de construire une cabane à oiseaux et vous aimeriez le photographier dans son atelier. Prenez le temps d'imaginer cette photo, prévoyez un ou plusieurs angles de prise de vue, choisissez le décor et les vêtements de votre sujet avant de mettre en scène cette image. Un portrait est un don, et comme tout présent, vous pouvez le préparer d'avance. Ce n'est surtout pas un privilège réservé aux photographes professionnels.

UN SUJET MOTIVÉ

Les sujets ont tous des personnalités variées : il y a les confiants, les maladroits, les bougons, les vaniteux, les généreux, les paresseux. Il est impossible d'emmener un sujet plus loin que là où il veut bien aller. En contrepartie, il ne sait pas toujours ce dont il est capable : il peut bien souvent franchir de plus grands pas qu'il ne le croit. Plus le sujet sera disponible et généreux, meilleure sera sa photo; c'est donc la responsabilité du photographe de créer une ambiance de confiance. Il est rare de tomber sur un véritable sujet paresseux. On le confond parfois avec un autre : le sujet perdu. Personne ne sait d'emblée comment se comporter devant un appareil photo. Si le sujet ne participe pas, c'est souvent parce qu'il n'a aucune idée de ce qu'il doit faire. De là toute l'importance de le guider.

CE QU'IL NE FAUT PAS DIRE

Les observations négatives comme « Relaxe, tu as l'air tout crispé » ou « Souris donc ! », même si elles sont faites avec beaucoup d'affection, vont avoir l'effet d'une camisole de force. Dans certains cas, ces réflexions conduiront le sujet à adopter l'attitude contraire à celle que vous attendez. Celui qui tient l'appareil photo entre ses mains dispose d'une certaine autorité sur l'autre. Critiquer le sujet est une forme latente d'abus de pouvoir et ne mène nulle part. De la même manière, placer le sujet au millimètre près, lui tourner la tête à gauche de 12°, lui dire de rentrer son ventre ou de se tenir le dos droit risquent de faire naître l'envie de vous mordre. On peut lui suggérer des façons d'agir et de bouger, mais pas le considérer comme un bouquet de fleurs que l'on agence. Une fois que le sujet aura un peu baissé sa garde, après quelques déclics, il sera encore temps de rattacher un bouton de chemise ou de lui défriser un poil de barbe.

En vérité, les petites remarques du photographe ont le même effet que dire à un collègue, *après* une réunion importante, qu'il a un grain de poivre entre les dents. Le mieux est de lui parler ni de lui, ni de son sourire, ni de son visage, mais de tout à fait autre chose.

DISTRAIRE LE SUJET

On a pris l'habitude de se poster devant le sujet, l'appareil braqué sur son visage et de lui dire « Souris ! » avant même de lui avoir dit bonjour. Oups ! Prendre le temps d'établir un contact avec le sujet, de le regarder, de lui parler, tout cela favorise la complicité. Si l'on entame une discussion avec lui sur sa vie, son métier, ses enfants, sa passion, ses vacances, sa recette d'œuf à la coque préférée, on peut ensuite écouter ses réponses en levant l'appareil de temps à autre pour le prendre en photo alors qu'il est occupé à suivre le fil de sa pensée. La conversation le détend et le distrait à la fois, et la photo devient secondaire.

COUP DE GÉNIE
Quand vous tombez pile sur la passion de votre sujet, il vous ouvre alors grandes les portes de chez lui, et vous pouvez faire toutes les photos que vous souhaitez. Abordez-le avec une conversation qui va le captiver. Tout le monde a un interrupteur intérieur. Cherchez comment mettre le sien à « on ».

CE QU'IL FAUT FAIRE

Quand vous décidez de photographier quelqu'un, il y a une raison. Cette personne a l'air heureuse à cet instant précis. Elle rayonne. Ce qui se dégage d'elle mérite d'être figé dans la durée. Commencez toujours par vous demander ce que vous êtes en train de photographier. Une atmosphère? Une expression? Qu'y a-t-il de formidable dans ce visage? Il vous faut une idée claire avant de commencer à donner des directives à votre sujet. Assurez-vous de prendre au moins une ou deux photos sans préparation, pour étudier ses expressions spontanées. Suivez ensuite votre instinct : précisez vos indications au fur et à mesure. Si vous êtes trop directif au départ, votre sujet pourrait se crisper. Apprendre à diriger un sujet demande de la pratique, et comme il existe autant de méthodes que de photographes et autant d'approches que de sujets, le mieux est d'expérimenter.

Déconner : Si l'on osait plus souvent tourner le dos au connu et au convenu sans se soucier des apparences, on pourrait sans doute obtenir des résultats surprenants. La peur d'échouer et de prêter le flanc au ridicule contrecarre nos élans. C'est pourquoi amener un sujet à se laisser aller en faisant une proposition exploratoire du genre « J'ai une idée, on essaie, si ça ne marche pas, on jette la photo » peut être d'une redoutable efficacité. Si c'est entendu au départ que le sujet peut avoir l'air tarte, le risque est moins grand pour lui. Malgré tout, certaines personnes n'acceptent pas facilement de rire d'elles-mêmes… Dans ce cas, on doit passer par un autre chemin pour les décontracter.

Complimenter : Certains seront sensibles à la flatterie. Sans tomber dans l'exagération, bien sûr. Approuver sa façon de sourire ou le complimenter sur une expression peut vous gagner la collaboration du sujet. Cette approche fonctionne bien aussi quand la magie n'opère pas ; l'unique façon de renverser la vapeur est d'y aller par le renforcement positif. La technique est simple : à mesure que l'impatience monte en vous, la gentillesse prend le relais. Félicitez-le, trouvez des mots d'encouragement. Il gagnera en confiance et vous permettra probablement de prendre une bonne photo. C'est exigeant, certes, mais vous serez récompensé. Et puis vous pourrez toujours faire une sieste après.

Converser : Il y a enfin ceux qui se sentent très seuls devant l'objectif, ceux qui ont envie de vous connaître ou encore ceux qui ne peuvent tout simplement pas s'empêcher de parler. Avec ces personnes, il faut maintenir une communication continuelle. Alimentez la discussion, prenez bien le temps de répondre à leurs questions ou commentaires, de façon que vous puissiez tout de même photographier ces sujets la bouche fermée.

OÙ METTRE SES BRAS ?

Si les sujets n'avaient pas de bras, ils seraient beaucoup plus faciles à photographier. C'est une blague, voyons ! N'empêche que quand on s'approche de quelqu'un pour prendre une photo, ses bras deviennent tout à coup très lourds et deux fois plus longs. Il faut lui dire comment les placer. Selon le type de cadre (gros plan, plan buste, plan trois quarts), on peut lui proposer différentes positions. S'il est assis, invitez-le à poser ses bras sur ses genoux ou sur le dossier d'une chaise face à lui. S'il est debout, demandez-lui de mettre ses mains dans ses poches ou de croiser ses bras sur sa poitrine. Cette posture, que l'on a beaucoup associée à une position fermée, exprime aussi le confort. Et pour éviter de se raidir, le sujet devrait transférer son poids sur une jambe ou encore appuyer une épaule au mur quand il est debout.

DE DEUX CHOSES L'UNE

Le sujet ou l'objet? Un portrait est bien différent d'un paysage ou d'une nature morte. On le comprend sans peine. En revanche, il est difficile de mesurer à quel point cette observation change l'approche du photographe. En nature morte, l'objet est au service du photographe. En portrait, c'est l'inverse. Le photographe est dévoué à son sujet. À partir du moment où l'on perçoit la distinction entre la nature morte de l'objet et la nature vivante d'une personne, on peut aspirer à devenir, de jour en jour, un meilleur portraitiste.

À CHACUN SON COMPLEXE

Tout le monde a sa petite bête noire. Ce peut être un nez crochu ou une dent qui sort du rang. Un portrait représente un cadeau. Même si votre sujet ne se trouve pas beau, il a quelque chose de vibrant en lui. Ne serait-ce que l'apparition d'une émotion : il y en a toujours une tapie quelque part, prête à apparaître sans crier gare. Un sujet va rarement faire une proposition de pose ; il s'attend à ce que le photographe prenne les commandes. Comme c'est votre rôle de paraître en parfaite maîtrise, voici quelques repères pour y parvenir avec panache.

D'abord, pour les considérations techniques : placez l'appareil photo à la hauteur du sujet, soit au milieu de son visage ou en légère plongée, c'est-à-dire un peu plus haut que le sujet. Celui-ci peut être de face, quoique les légers profils servent mieux la plupart des visages. Comme la tension se manifeste la plupart du temps par une contraction de la mâchoire ou par une raideur à la hauteur des épaules du sujet, rappelez-lui souvent de se détendre. Pour détourner son attention de sa mâchoire, on peut aussi lui commander de bouger ses bras : les lever, les poser sur ses genoux, monter un seul bras. Si le cadre est serré, on ne verra pas ce qu'il en fait. Et pendant qu'il se concentre sur ces gestes, sa crispation disparaît. Pour ce qui est, enfin, des défauts que les sujets adorent détester,

il y a toutes sortes de façons de les faire oublier. Le sujet qui voit sur sa photo ce qu'il n'aime pas de lui ne verra plus que ça. Rien ne lui fera oublier qu'il a des plis sous les yeux quand il rit. Voici quelques traits caractéristiques de certains sujets, assortis de trucs pour les atténuer :

Les petits, et la calvitie : Ne jamais prendre la photo en plongée. On peut même choisir une légère contre-plongée, à la rigueur. La calvitie est aussi avantagée par les cadres très serrés, qui coupent le haut du front.

Les grands et les longs cous : Éviter la contre-plongée, qui allonge le sujet.

Visages ronds : Donner des creux et des ombres avec un éclairage à 45°, qui augmente les contrastes, ou décadrer.

Visages asymétriques : Placer le sujet de biais à l'objectif, le moins possible de face, en mettant en valeur le meilleur côté.

Les nez complexés : Placer la source de lumière à 45° du sujet. Les nez ont l'air plus gros, plus croches, plus retroussés quand ils sont éclairés de face.

Les yeux pochés ou cernés : Pour les atténuer, placez un carton blanc d'un mètre carré sous le menton du sujet (à la limite inférieure du cadre de l'image) et inclinez-le légèrement vers la source lumineuse, de façon à réfléchir la lumière

À force de regarder
l'appareil photo,
les yeux du sujet
se vident de toute
expression. Pour
rallumer le regard,
on demande au sujet
de regarder de côté
puis de revenir face
à la caméra. On
peut aussi dire son
nom pour qu'il se
retourne.

sous les yeux du sujet. Pour plus de détails au sujet des cartons blancs ou noirs, reportez-vous à la page 133.

Les taches de rousseur : On les garde les plus naturelles possible, d'abord parce qu'elles font partie de la personnalité du sujet, et aussi parce qu'il n'existe pas de façon efficace de les atténuer. Par contre, si plusieurs taches forment une tache foncée plus importante, on peut les camoufler avec un anticerne ou du fond de teint. Ces taches se forment souvent au-dessus de la lèvre supérieure.

LES TEINTS CLAIRS ET FONCÉS

La peau foncée présente moins de contraintes que la peau très claire. Pour avantager un teint clair, le sujet devrait être photographié soit sur un fond foncé, soit avec des vêtements foncés, ou – encore mieux – les deux, pour avoir bon teint. S'il porte des vêtements blancs ou crème, le fond doit être foncé. Voici un aperçu des meilleures combinaisons pour mettre en valeur le teint du sujet :

Teint pâle, cheveux clairs	Vêtements et fond foncés.
Teint pâle, cheveux sombres	Vêtements foncés, fond foncé ou pâle.
Teint foncé, cheveux clairs	Vêtements pâles, fond foncé ou pâle.
Teint foncé, cheveux sombres	Vêtements pâles, fond foncé (pour un ton sur ton) ou pâle (pour détacher le sujet du fond).

Les portraits monochromes d'un sujet au teint et aux vêtements foncés sur un fond foncé ont beaucoup de profondeur et de richesse (Oliver Jones, Bruny Surin). Les monochromes pâles sont plus difficiles à travailler parce qu'ils deviennent vite fades, à moins que l'on ne souhaite faire un portrait très doux. Dans ce cas-là, le maquillage doit être bien appuyé, pour faire ressortir les traits du sujet.

LE MAQUILLAGE

Le point fort du sujet doit être mis en évidence : si c'est son sourire ou sa bouche, on accentue celle-ci, si ce sont ses yeux, on les met en valeur. Un maquillage trop prononcé partout dans le visage déguise le sujet plus qu'il ne lui rend justice. Pour avantager un sujet à la bouche petite ou aux lèvres très minces, on préfère un rouge à lèvres pâle et l'on intensifie le maquillage des yeux. Pour les photos noir et blanc, on respecte le même équilibre, mais l'ensemble du maquillage doit être plus prononcé pour accentuer les contrastes du visage et les traits du sujet. En cours de prise de vue, que ce soit en couleurs ou en noir et blanc, on peut aussi faire quelques retouches maquillage au visage du sujet, homme ou femme.

En fait, la trousse de maquillage de base du portraitiste ne sert pas tant à maquiller – dans la vie de tous les jours, les sujets se maquillent la plupart du temps eux-mêmes – qu'à enlever les reflets du visage. Pour ça, de la poudre libre ou compacte et un gros pinceau suffisent. Des mouchoirs de papier peuvent aussi faire l'affaire; il n'y a qu'à éponger le visage pour enlever le lustre sur les joues, le nez, le front ou le menton. En ce qui concerne les complexes évoqués plus tôt, le fard à joues peut aussi servir dans certains cas à flatter les traits du sujet. On peut ajouter du fard à joues beige foncé ou de la poudre bronzante dans le creux des joues d'un sujet au visage rond, ce qui imitera l'effet des ombres, fera ressortir ses pommettes et découpera son visage. Les poudres rosées doivent cependant être réservées aux joues, puisqu'elles attireraient le regard sur les zones que l'on souhaite faire oublier. Le fard neutre appliqué sous le menton peut aussi créer de l'ombre et estomper un double menton chez une personne âgée ou quelqu'un qui aurait quelques kilos en trop. Si vous deviez faire ce genre de retouche «amincissante» au maquillage ou que vous deviez procéder à n'importe quelle retouche, justifiez-les à votre sujet par des jeux d'ombre et de lumière.

LE BON CÔTÉ DU VISAGE

Les cheveux, à moins d'être séparés au milieu, suivent un mouvement naturel vers la droite ou vers la gauche. Ce que l'on appelle le bon côté du visage est 8 fois sur 10 le côté où le visage est le plus dégagé. Les yeux sont alors visibles, le visage est aussi plus ouvert. Placer le sujet à 45° de l'appareil alors qu'il offre son bon côté le met toujours en valeur.

LES VÊTEMENTS

Un portrait en plan buste se contente d'une garde-robe simple : un chandail à manches longues (les chemises à manches courtes ne donnent pas un bel effet en plan buste) ou une chemise sans motifs. L'encolure fait le reste. La forme du col a un effet immédiat sur le contour du visage. Voici quelques repères :

	Recommandé	À éviter
Menton pointu	Col rond ou chemise au col plus refermé	Col en V
Visage rond	Col en V ou col dégagé	Col rond
Long cou	Col roulé	Grand décolleté
Cou court	Col en V ou col dégagé	Col roulé

Les vêtements souples et près du corps, dans lesquels le sujet se sent à son aise, sont d'excellents choix pour les photos. On prend souvent les portraits de famille lors d'occasions spéciales. Ce jour-là, tout le monde est sur son trente et un. Malheureusement, les plus beaux habits ne sont pas toujours les plus confortables et ne font pas les meilleures photos non plus. Les habits rigides remontent aux épaules, créent des mauvais plis ou donnent l'impression d'un dos arrondi. Tout ce qui vole la vedette au sujet devrait d'ailleurs être mis au rancart, y compris les tee-shirts Che Guevara et la Légion d'honneur. Plus les vêtements sont simples, mieux le sujet se portera, et plus le portrait traversera les époques. Privilégiez les manches longues, les vêtements indémodables, les chemises et les teintes sobres : noir, blanc, gris et crème. Les couleurs vives et les motifs farfelus sont réservés aux enfants. Pour les photos en noir et blanc, les contrastes doivent être appuyés. Le teint pâle est avantagé par un vêtement foncé. Une peau hâlée peut se permettre une chemise pâle.

LE REGARD

Le sujet n'a pas à regarder le photographe à tout coup. Il peut regarder hors du cadre, à gauche, à droite, en l'air ou même baisser le regard. L'important, c'est qu'il regarde un point précis. Le regard est l'ancrage du portrait, le porteur d'émotion. La commande doit être claire : regarder l'objectif, si c'est ce que l'on souhaite, ou alors fixer soit un objet hors cadre, soit une marque au sol, soit un point précis au loin, selon ce qui fonctionne le mieux et donne la plus belle intensité à son regard.

LES LUNETTES ET LES VERRES DE CONTACT

Le regard d'un myope change quand il ne porte pas ses lunettes. Pour cette raison, on ne doit pas les enlever à quelqu'un qui en porte régulièrement. La même règle vaut pour les verres de contact. Cette précaution évite un regard vague, peu flatteur. Par contre, les lunettes augmentent le défi technique. Une variété d'importuns peuvent se réfléchir dans les verres : les nuages dans le ciel, le flash, le photographe et même l'arrière-plan du photographe quand les lunettes sont vraiment très propres. Parfois, il s'agit de bouger légèrement le menton du sujet, d'autres fois, on doit se déplacer soi-même pour améliorer l'angle et éliminer les reflets. Pour ce qui est du flash dans les lunettes, il n'y a pas cinquante façons de l'éliminer : il faut prendre la photo, vérifier le résultat à l'écran et s'ajuster si nécessaire.

LES YEUX CLAIRS

Les yeux clairs, bleus, gris et verts, peuvent être mis en valeur par une attention spéciale à la lumière. La pupille se referme quand la lumière ambiante est assez forte et fait par conséquent ressortir la couleur naturelle de l'iris. À l'extérieur, la lumière du jour est souvent assez intense pour que la pupille se referme. Mais à l'intérieur, le soir, rapprocher une lampe du sujet peut agir de la même manière sur les pupilles. Le jour, on place le sujet face à une fenêtre. Plus la source de lumière sera intense, plus la pupille se rétractera et plus vive sera la couleur des yeux. Sur certaines photos de magazines, on a l'impression que les yeux ont été retouchés, tellement ils sont perçants. C'est parfois le cas, mais on peut s'approcher de cette intensité par un habile emploi de la lumière.

LES YEUX FERMÉS

La corbeille de l'ordinateur est presque toujours le point de chute des photos où le sujet a les yeux fermés. Elles ne sont pourtant pas toujours gâchées. Si le sujet ferme les yeux par inadvertance, à cause du flash, disons, ou parce qu'il a cligné des yeux au moment du déclic, la photo a une chance sur deux d'être manquée, c'est vrai. Par contre, un sujet qui ferme les yeux intentionnellement peut faire un portrait intéressant. Pour éviter les yeux fermés, si ce n'est pas souhaité, il faut être attentif : au moment où le flash se déclenche, c'est-à-dire au moment où le sujet le perçoit, la photo est déjà prise. Si les gens ferment les yeux, c'est le plus souvent qu'ils anticipent le moment du déclic. Un photographe courtois va appuyer sur le déclencheur juste après que le sujet aura cligné des yeux. Pour ce qui est des yeux fermés contrôlés, il ne s'agit pas seulement de demander au sujet de baisser les paupières. Fermer les yeux doit s'appuyer sur une intention claire de sa part. On peut alors lui donner comme directive de faire un vœu, de chercher un souvenir heureux, d'imaginer qu'il respire l'odeur d'une fleur (ou d'une tarte aux pommes qui vient de sortir du four). La photo doit être vivante, livrer une émotion.

LES EXPRESSIONS TOUTES FAITES

Le sourire «service à la clientèle», les yeux cajoleurs ou la moue façon top modèle connaissent un grand succès auprès de plusieurs pour qui se mettre en mode *photo* signifie qu'il faut emprunter un visage prêt-à-porter. Devant une mimique préfabriquée, le photographe a peu de marge de manœuvre. Certains sujets sont très conscients de leur image et la contrôlent au battement de cil près. Ce n'est pas de la mauvaise volonté, c'est plutôt qu'ils ont trouvé cette zone de confort et ne la quittent plus. Tentez d'amener cette personne vers d'autres façons de se tenir et de sourire. Surprenez-là et vous pourrez ainsi lui soutirer un sourire différent de celui qu'elle affiche machinalement et qui lui enlève son naturel. Vous pourriez faire découvrir à votre sujet de nouvelles facettes de son visage : les expressions qu'il a quand il rit, s'anime ou réfléchit et qu'il ne sait pas qu'un appareil photo l'observe. Par contre, certaines personnes se pensent à leur avantage d'une seule manière. Elles s'accrochent à cette image. Si c'est le cas de votre sujet, fléchissez. C'est un trait de caractère que vous ne pourrez pas changer.

LES PHOTOS DE DOS ET DE PROFIL

Il est possible de créer un effet plus dramatique en prenant le sujet de dos ou de profil. Or, ces deux prises de vue sont risquées. Une photo de votre sujet vu de dos à la plage peut vous attirer des ennuis, sachez-le. Les photos de dos en silhouette peuvent atténuer les détails indésirables, mais en règle générale – sauf pour les enfants – elles donnent de meilleurs résultats quand le sujet est un élément secondaire de la composition. Pour ce qui est des photos de profil, elles se prêtent bien aux effets de mise en scène ou pour mettre en valeur des coiffures sophistiquées. Il arrive que l'on rencontre une personne au profil de monnaie grecque (Billy Zane, David La Haye) et que l'on souhaite la photographier de profil, mais ce type de portrait est dans l'ensemble plutôt rare. Par contre, les légers profils sont très intéressants.

LES FEMMES ENCEINTES

Au-delà du fait que c'est un moment important de sa vie, l'intérêt de prendre en photo une femme enceinte vient de la beauté de ses formes, de la courbe du ventre et des fesses, surtout. Les mollets, les cuisses, les vergetures qui marquent la peau du ventre peuvent glisser dans l'oubli. Ce qu'il reste, c'est la beauté du corps qui porte un enfant. Une femme enceinte est mieux photographiée debout, de profil à l'objectif (ou à 45°). Placez le sujet face à une fenêtre où tombe un rideau plein jour blanc, ce qui adoucit une lumière trop crue. L'idée est de sublimer sa beauté et pas de documenter un livre de biologie humaine. Le cadrage qui s'arrête à la hanche est plus flatteur qu'un plan trois quarts ou plein pied. Comme dans toutes les circonstances où cela est possible, on devrait éviter le flash. Pour finir, si le sujet porte des vêtements très moulants, comme un chandail de coton, un collant ou des petites culottes, la lumière pourra mieux faire son travail sur les courbes. Une chemise ouverte sur le ventre peut aussi donner un très bel effet, comme un bras replié sur les seins nus. Si le sujet est parfaitement nu, il est préférable qu'il enlève son soutien-gorge, sa culotte ou son bas-culotte un bon moment avant la prise de vue, pour éviter les marques des élastiques sur la peau. Vous le saviez, bien sûr, mais juste au cas...

DE DEUX CHOSES L'UNE

Assis ou debout? Les sujets, on l'a dit, ont tendance à se raidir, en particulier quand ils sont debout. Par contre, s'ils sont assis, ils arrondissent parfois le dos. Un remède à ça est de poser une chaise ou une table devant le sujet pour qu'il puisse s'y appuyer les coudes ou les bras. À chacune des étapes de la prise de vue, le photographe doit demander à son sujet s'il est dans une position confortable. C'est très important pour la réussite d'un portrait. Si on a le temps, on essaie les deux positions, assise et debout, et on choisit le meilleur résultat des deux. Quand le sujet entre dans sa zone de confort physique, ça se sent tout de suite dans l'image.

TOUT NOUVEAU, TOUT BEAU

Les plans rapprochés et les éclairages tamisés font de belles images des nouveau-nés. Évitez par contre de coucher les très jeunes bébés sur le dos et de les photographier en plongée avec une lumière en douche (comme sous la suspension de la table de cuisine, par exemple), ce qui leur donnera l'air d'une petite grenouille. Couchez-les plutôt sur le côté, leur visage face à une source lumineuse – une fenêtre, de préférence, avec un rideau plein jour. Les bébés qui se tiennent la tête seuls peuvent être placés sur un lit ou sur toute surface plane près d'une fenêtre, d'où la lumière leur arrive en douceur. Ils peuvent être couchés sur le ventre, sur le dos, de profil, photographiés en plan d'ensemble pour les voir des pieds à la tête, ou en gros plan pour saisir leurs expressions.

On a l'habitude de photographier les bébés dans des ambiances pâles qui font des photos très douces. Par contre, ce ne sont pas forcément les plus intéressantes. On devrait choisir la teinte de l'ambiance en fonction de la peau du bébé. Les ambiances foncées font des photos moins feutrées, sans doute, mais font ressortir la peau claire. Les ambiances pâles réussissent mieux aux bébés qui ont la peau foncée.

GRIMACES ET MENACES

Si un enfant ne veut pas être photographié, n'insistez pas. Les enfants réagissent plus spontanément que les adultes devant l'objectif, mais un enfant qui ne veut pas être pris en photo vous le fera savoir par une grimace justifiée (comme certains adultes, d'ailleurs). Pour diriger un enfant, il faut lui donner l'impression de

s'amuser, plutôt que d'obéir à des ordres. On peut jouer à Jean dit, se déguiser avec lui ou lui demander de nous montrer ses jouets favoris. Peu importe les tactiques que vous employez, tentez de lui faire oublier l'appareil par le jeu que vous lui proposez. Les directives mécaniques (place-toi comme ceci ou comme cela, fais un beau sourire, tiens-toi droit) risquent de vous enlever la collaboration d'un enfant. La plupart des jeunes enfants ont beaucoup de plaisir à faire le contraire de ce qu'on leur demande, en particulier s'ils ont un appareil photo comme vis-à-vis. Pour photographier un enfant, on devrait toujours se baisser et placer l'appareil photo à sa hauteur. Par ailleurs, si vous photographiez un enfant qui n'est pas le vôtre, tâchez de vous mettre à l'abri du regard des parents. Même les parents les mieux intentionnés vont ajouter des directives par-dessus votre épaule et anéantir vos efforts par leur bonne volonté.

LE TRAVAIL DU TEMPS

Ce que l'on trouve beau, chez une personne qui vieillit, c'est le passage des années sur le visage. Les rides, les sillons, la peau qui se plisse fascinent. À moins que vous ne fassiez un projet d'art sur la vieillesse, photographiez les personnes âgées avec beaucoup de sensibilité. La coquetterie n'est pas réservée aux jeunes et tout le monde n'accepte pas de vieillir avec le même détachement. N'insistez pas sur les marques du temps. Attardez-vous plutôt au regard. Un plan buste atténuera les rides, à la différence d'un gros plan qui va les accentuer. Pour ce qui est des lunettes, on a déjà mentionné qu'on devrait toujours les laisser au sujet qui a l'habitude d'en porter.

La méthode douce ou la méthode forte? Ne menacez jamais un enfant qui ne se prête pas au jeu de la photo (si tu ne fais pas un beau sourire on n'ira pas au restaurant, si tu n'es pas gentil, si…). Ça marchera peut-être une fois, mais ce sera la dernière. La photo doit rester un plaisir et ne jamais verser dans la torture. C'est vrai avec les enfants comme avec tout le monde. Quand votre sujet ne veut plus être photographié, laissez tomber. Il y aura d'autres occasions. Surtout qu'un enfant retient longtemps une expérience pénible. Ce serait bien dommage qu'une maladresse le pousse dans le clan surpeuplé des adultes qui détestent se faire prendre en photo.

LES PHOTOS DE GROUPE

Photographier un groupe équivaut à prendre 5 portraits, 10 portraits, autant de portraits à vrai dire qu'il y a de personnes. Chacun arrive avec sa personnalité, ses motivations et ses humeurs. Pour le photographe, cela représente quelques univers à concilier dans un seul déclic.

LES THÈMES

Pour réaliser une photo de groupe, on peut choisir d'improviser ou de préparer la photo en donnant des consignes à tout le monde, quelques jours avant la date entendue. Une idée de thème ou de mise en scène facilite la tâche des sujets autant que celle du photographe. Mais attention. Si vous demandez à vos oncles de s'habiller en dompteur et vos tantes, en lionne, il y a fort à parier que tout le monde refusera tout net. Pour trouver le thème qui convient, assurez-vous de réunir les éléments suivants :

Un environnement familier : Sur la terrasse, sur le quai au chalet, à table, dans l'escalier, près du foyer, autour de grand-papa et de son fauteuil préféré. Plus le thème sera universel, plus facile-ment on se prêtera au jeu.

Une allure simple et décontractée : On demande à tous de s'habiller en jeans et en chemise blanche ou en chandail noir. Les photos les plus dépouillées et les plus classiques sont aussi les plus intemporelles. Si quelqu'un arrive en jaune serin (il y a toujours un farceur dans la famille), placez-le un peu à l'écart, derrière quelqu'un qui pourra lui servir de paravent, sans toutefois cacher son visage.

Les groupes d'enfants permettent, bien sûr, plus de fantaisie. Le but de l'exercice, ce n'est pas d'imposer sa vision artistique, mais de faire une photo qui fera la part belle aux visages. On peut aussi placer le groupe devant un mur uni ; moins il y a d'éléments dans l'image en dehors des sujets, plus la photo aura d'impact. On évite donc les murs où il y a beaucoup de détails décoratifs ou les pièces très chargées. Si la photo n'a pas été planifiée, ou si personne ne s'entend sur un thème, le noir et blanc reste le secret des familles unies. On évite alors les collisions entre les couleurs discordantes et la surcharge de détails superflus. Il en va de même pour le décor : les lampes baroques et le portrait ancestral à bordure dorée au-dessus de la cheminée se feront plus discrets en noir et blanc. En famille, comme en amitié, plus c'est simple, mieux c'est.

LES GRANDS DERRIÈRE, LES PETITS DEVANT

Cette ancienne règle des photos d'école vaut toujours. Placez les deux plus grandes personnes dans les coins extérieurs de la dernière rangée et organisez ensuite le groupe en mettant d'abord les grandes personnes à l'arrière et les plus petites, devant. Les groupes disposés sur trois rangs ont plus de relief que sur deux rangs, et les groupes placés en hauteur font de plus belles photos que lorsqu'ils s'étendent en largeur. Voilà pour l'intention générale de la composition. Or, une fois que ce premier classement par taille est fait, on désorganise le groupe. Rien ne vous oblige à agenouiller les enfants devant les adultes. Ni à rassembler les couples. Tenter des dispositions nouvelles pimente les traditionnelles photos de famille et dynamise la composition. On peut, par exemple, placer les enfants sur les genoux de leurs parents ou faire asseoir différentes personnes à diverses hauteurs.

À cet effet, les fauteuils à accoudoirs, où un ou deux sujets peuvent s'asseoir, les manteaux de cheminées, qui ont parfois une petite marche sur laquelle quelqu'un peut monter, et les escaliers ajoutent de la vie aux photos de groupe. Notez que si l'on utilise un fauteuil, il est préférable de le décoller du mur pour donner de la perspective à l'image. Pour ce qui est des escaliers, on prend soin de distribuer le groupe sur trois marches consécutives, pas plus. Cette précaution évite que les rangées du bas ou du haut soient floues. Dans un escalier, renversez l'ordre de grandeur des sujets : les petits vont alors derrière et les grands devant pour casser le décalage entre les tailles, accentué par la montée.

Pour ce qui est de l'angle de prise de vue d'un groupe, l'appareil devrait être à la hauteur de la rangée du milieu, et centré. S'il faut vous baisser ou monter sur un annuaire de téléphone pour regarder dans le viseur, n'hésitez pas. Un dernier conseil : ne dites pas « Cheese ! » ni « Sexe ! » Oui, c'est drôle. Sauf que pour un sourire naturel, il faut éviter que les sujets ne s'accrochent les coins de la bouche au plafond. Si vous voulez faire sourire les gens, lancez une blague : les familles et les groupes d'amis en perpétuent certaines qui font rire chaque fois, d'un vrai rire qui donne des photos naturelles.

LE PHOTOGRAPHE PHOTOGRAPHIÉ

Dès que le photographe n'est plus derrière son appareil, tout le monde respire mieux. Et le voir courir pour arriver à temps dans la photo de groupe fait rire tout le monde, à tout coup. Le retardateur sert à déclencher la photo en différé pour que le photographe soit aussi dans la photo. Les deux ou trois secondes où il se déplace entre son appareil et le groupe sont juste assez longues pour que les gens s'oublient et fassent un vrai sourire. Ils s'amuseront un peu à vos dépens, il faut le dire, mais c'est un bien petit sacrifice pour une grande photo.

LES PARENTS ET LEURS ENFANTS

On a tous vu des photos de groupe où les yeux d'un adulte louchent vers un enfant plutôt que de se poser sur le photographe. Dans ces cas-là, on a affaire à un parent inquiet, qui a peur que son enfant fasse rater la photo par une grimace ou – c'est encore pire – par une tape à son petit frère. C'est vrai, il y a plus de chances que ce soit un enfant qui crée une diversion dans une photo de groupe. Mais un parent crispé peut aussi y contribuer de belle manière. Comme photographe, vous voulez que tout le monde soit bon, et pour ça, il faut que tout le monde soit bien. Qu'ils soient dans un grand groupe, un petit groupe, seuls, avec des adultes ou d'autres enfants, les enfants aiment s'amuser. Pour que les parents s'occupent de leur propre performance et non de celle des enfants, on peut improviser des jeux avec tout le groupe : les compétitions entre les gars et les filles, le concours du plus beau sourire et le classique Jean dit font participer tout le monde. Pendant que les parents sont occupés, ils oublient leurs enfants, qui, pendant qu'ils sont eux aussi occupés, oublient de faire des grimaces ou de se chamailler. Pour garder l'attention du groupe et étirer la patience de chacun, répétez souvent que c'est presque fini, que c'est l'avant-avant-dernière, l'avant-dernière ou la dernière photo. Ce n'est jamais vrai, mais personne ne s'en apercevra.

LES SUJETS DIFFICILES

Les timides : Avec eux, sortez vos gants blancs. Si vous photographiez un timide seul à seul, ce sera beaucoup plus facile de le mettre en confiance que s'il est parmi un groupe. S'il est accompagné d'autres personnes, donnez-lui vos directives et vos impressions (les positives surtout) sans que les autres entendent. Si vous lui parlez tout haut, il risque de se sentir encore moins à l'aise, et vous aurez beaucoup de mal à le faire participer à la photo. Un timide se place habituellement derrière quelqu'un d'autre ou à l'arrière du groupe. Se fondre dans le décor sera sa première préoccupation. C'est une bonne idée de le laisser se placer seul, et d'ajuster légèrement sa position s'il est invisible.

Les m'as-tu-vu : Le caractère opposé au timide est le m'as-tu-vu, qui est d'une espèce rare : il aime être photographié. Inspectez vos albums des dernières années : il est sur toutes les photos. Même s'il est en arrière-plan de dos, il y est. Le prendre en photo seul demande du travail, parce qu'il exerce un grand contrôle sur son image, dont il est très conscient.

Le sujet m'as-tu-vu est parfois bavard : il lui arrive de prendre beaucoup de place dans un groupe, de faire le clown, et d'attirer l'attention, ce qui rend inévitablement les timides encore plus mal à l'aise. Alors que personne n'aime se faire dire ce qui ne va pas dans sa pose devant tout le monde, le m'as-tu-vu doit être dirigé au vu et au su du reste du groupe. La tactique est simple : on fait les commentaires à voix haute aux plus extravertis et en privé aux plus timides, de façon que les premiers ne prennent pas toute la place et que les seconds se sentent en confiance et prennent la leur. Ce type de raisonnement fonctionne mieux avec les petits groupes, qui demandent plus de psychologie, qu'avec les grands groupes, qui exigent un plus grand travail de composition et de gestion.

DE DEUX CHOSES L'UNE

Les gros sabots ou les petits souliers? Vous êtes à table avec un petit groupe et vous avez envie de prendre une photo. Ou encore vous passez une journée en famille et vous décidez de faire le tour des invités pour les photographier. Trouvez le moment propice, respectez les discussions. Bref, rester discret vous assure de meilleures photos que si vous dérangez tout le monde. De temps en temps demandez l'attention, mais si les gens ne se tournent pas spontanément vers vous, n'insistez pas trop. Un moment en famille ou entre amis n'est pas une séance de photos en bonne et due forme. La photo devrait rester en périphérie du moment.

ASTUCES ET SECRETS

DE DEUX CHOSES L'UNE

Les aptitudes et les intérêts. Ce n'est pas parce que vous êtes un photographe à temps partiel que vous ne pouvez prétendre à votre propre style. Vous avez naturellement plus de facilité à faire des photos d'objets, de gens ou de paysages? Plus vite vous délimiterez votre zone de confort, mieux vous pourrez y investir vos efforts et le plus rapidement vous progresserez. Si vous êtes un bon portraitiste, laissez le Château Frontenac tranquille. En vous concentrant sur ce qui vous intéresse, vous accumulerez moins de ces petites frustrations qui risquent à la longue de vous démotiver.

La photo est un passe-temps fascinant, quand elle n'est pas une nécessité toute bête : photographier sa blonde enceinte, revenir de voyage avec des photos présentables, immortaliser le petit dernier sans ses dents d'en avant. Bien sûr qu'il faut un bon équipement, et quelques notions techniques que nous allons aborder dès le prochain chapitre. Mais avant tout, la photo commence dans la tête, pas dans le viseur.

L'appareil photo est un objet mystérieux à apprivoiser. Presque tout le monde en a un, mais peu de gens ont une relation pleinement satisfaisante avec le leur. Une poignée d'inconditionnels s'en sert tout le temps, mais les autres le boudent trop souvent pour le reprendre seulement au gré de rares occasions. Pourtant, les bonnes photos, c'est aussi tous les jours qu'on les fait, sans habits du dimanche et sans prétention.

ÉCARTER LES IDÉES PRÉCONÇUES

Certains principes, que vous tenez pour indiscutables, s'interposent entre vous et les bonnes photos :

1. Je dois être super bien équipé et préparé.
2. Je dois centrer mon sujet.
3. Je ne dois pas couper la tête d'un sujet.
4. Je ne dois jamais prendre une photo à contre-jour.
5. Je dois séparer le paysage en deux parties égales.
6. Je dois être inspiré pour prendre une photo (alors qu'il faut plutôt être concentré).

LES CATÉGORIES DE PHOTOGRAPHES

D'une façon générale, on peut dire qu'il existe deux grandes classes de photographes : les documentaristes, qui conservent les bons moments, et les puristes, qui font de la photo pour l'art de la photo. Dans ces deux familles, on trouve des profils très variés. En voici une brève liste :

Le rutilant est facile à reconnaître à cause, notamment, de son appareil étincelant de propreté. Ce photographe présente une nette tendance à passer à côté de l'essentiel ; c'est le genre qui nettoie sa lentille pendant que le monstre du loch Ness passe en arrière-plan.

Le suréquipé existe par son équipement très impressionnant, c'est vrai, mais apprendre à s'en servir occupe tous ses temps libres. Il n'a par conséquent ni le temps ni l'énergie de faire des photos. Ce type est parfois doublé d'un photographe fantôme.

Le photographe fantôme ne montre jamais les photos qu'il prend.

L'annuel fait des photos à Noël, à Pâques, pendant les vacances, sort son équipement – souvent impressionnant (ce type est parfois doublé d'un photographe suréquipé ou d'un rutilant) – lors des grands événements, mais ne touche jamais à son appareil autrement. On peut être assuré qu'il se mettra toute la pression du monde chaque fois.

Le vivace revient toujours à la charge. Il talonne ses sujets, prend tout et n'importe quoi en photo. Résultat : les gens se prêtent au jeu de moins bonne grâce à mesure que la journée avance et que les années passent. Et lui, de son côté, se questionne sur le manque de spontanéité de ses sujets.

Le méthodique a compris la répartition travail/plaisir, pratique le gros bon sens, mais manque parfois de folie. Il est prêt à admettre que ses photos sont trop sages.

Les nouveaux parents découvrent – en même temps qu'ils documentent les premiers sourires, les nouvelles dents, les séances de purée – la première règle de la photo : plus on en fait, meilleur on devient. Ils sont parmi les plus prometteurs des photographes en herbe pour la simple et bonne raison qu'ils ont compris le secret du succès : ils ne vont jamais nulle part sans leur appareil. Leur dévouement fait qu'on leur pardonne, par ailleurs, les effusions occasionnelles sur les sujets de leurs photos.

Le photographe que l'on voudrait adopter est un photographe, et il en existe, à l'attitude fort bien dosée. Si vous ne vous reconnaissez dans aucun des types ci-dessus, c'est que vous avez trouvé dans la photo le juste accord entre l'envie d'apprendre et celle de vous amuser. Vous avez gardé les pieds sur terre dans la houle de la surenchère technique, qui engloutit bon an mal an quantité de photographes prometteurs. Il n'est jamais trop tard pour devenir un photographe que l'on voudrait adopter.

AVIS À CEUX QUI NE VEULENT PAS LIRE LE MANUEL DE L'UTILISATEUR

Lire le manuel de l'utilisateur est une corvée, c'est vrai. Mais ne pas le lire est une erreur. C'est souvent par là que commencent les ennuis du photographe en herbe : si vous ne comprenez pas les réglages de base de votre appareil, vous perdez beaucoup de souplesse d'exécution. Le truc, c'est la lecture sélective : repérez les renseignements essentiels et sautez le reste.

OUI OU NON AUX COURS DE GOLF ?

Mais quel est le rapport entre la photo et le golf ? Le voici : vous jouez au golf depuis plusieurs années, « assez bien » disent vos amis. Vous avez du plaisir, en tout cas. Or, comme on peut toujours faire mieux, vous prenez une leçon. Grave erreur, pensez-vous. Du coup, vous perdez votre élan, vos gestes ne vous appartiennent plus, et vous regrettez amèrement cette idée d'avoir voulu vous améliorer. Trop occupé à vous impatienter, vous ne voyez pas le temps passer, puis un jour, vous vous découvrez meilleur. C'est ce que l'on appelle reculer pour mieux avancer. Comme photographe, vous avez peut-être pris de mauvais plis, qui nuisent désormais à vos progrès. Désamorcer de vieux réflexes va vous ralentir, mais comme au golf, vous ferez ensuite de meilleurs coups.

LES APPAREILS PHOTO NUMÉRIQUES

L'appareil photo idéal est différent pour chacun. Chose certaine : si votre appareil est trop encombrant, il restera dans son étui, à la maison. Il existe deux sortes d'appareils numériques : les appareils reflex et les compacts. Les reflex permettent de voir dans le viseur l'image exacte que l'on photographie, alors qu'avec un appareil compact, vous noterez toujours un léger décalage entre ce que vous voyez dans le viseur et le résultat final. Les appareils reflex donnent aussi accès à un grand nombre d'objectifs interchangeables. Un appareil compact, en contrepartie, est plus facile à utiliser et exige par conséquent moins de connaissances techniques de l'utilisateur. Ce livre s'attarde d'abord et avant tout à la prise de vue, peu importe le type d'appareil : compact ou reflex numériques ou même argentique.

L'avantage du numérique sur l'argentique, c'est qu'une pose ratée en argentique est gâchée, tandis qu'en numérique, elle peut être effacée sur-le-champ. Dans le doute, prenez toujours la photo. Je ne me lasserai pas de vous répéter que pour progresser, il faut faire des photos souvent.

Un appareil devrait être, non seulement petit, mais aussi léger, portable et agréable à manipuler. Pour le mettre à sa main, il faut en essayer plusieurs et comparer. Si vous possédez déjà un appareil reflex perfectionné, un appareil compact ne sera jamais de trop dans votre arsenal.

LE DÉCLENCHEUR

Après la taille de l'appareil et sa compatibilité avec votre main, le troisième aspect primordial qui intervient dans le choix d'un appareil photo est la vitesse de réaction du déclencheur. Si l'on souhaite saisir un moment, une expression, un regard, une ombre même, ça ne tolère pas le moindre retard ; une fraction de seconde et la comète est passée. Le délai entre l'impulsion de votre doigt et la réponse du déclencheur est déterminant. Pour faire le test, essayez plusieurs appareils en magasin et prenez quelques photos. Mesurez la différence entre votre intention,

c'est-à-dire la photo que vous pensiez prendre, et la prise réelle. Seuls les appareils qui obéissent au doigt et à l'œil méritent de vous accompagner.

LE MEILLEUR COMPROMIS

Il n'existe aucun appareil – aussi sophistiqué soit-il – qui convienne à toutes les conditions. Les plus petits appareils sont de deux types : les compacts et les hypercompacts (c'est ce que l'on appelle en anglais un appareil *point and shoot*). Ces derniers ont la taille d'une boîte de pastilles et ils ont ma préférence. La catégorie juste au-dessus rassemble des appareils qui sont déjà trop encombrants pour aller dans un petit sac ou une poche. Un appareil hypercompact a évidemment des possibilités plus limitées, mais ce qu'il peut vous apprendre est inestimable.

ATTRAPER LA PIQÛRE

Si vous faites déjà de la photo de façon régulière, ne tenez pas compte de ce paragraphe : il s'adresse aux gens qui ont l'intention de se lancer. À ceux-là, je dis que si vous voulez faire de la photo, vous devez commencer au début, et le début, c'est avoir la piqûre. Ne riez pas. On connaît tous quelqu'un qui a décidé de faire de la photo, s'est acheté un super appareil ou en a reçu un à Noël et s'en sert précisément juste à Noël. Vivre avec un petit appareil dans votre poche vous aidera à développer le réflexe du photographe : voir les images et sentir monter l'envie de les capter. D'une certaine manière, ce n'est que ça, faire des photos.

COMBIEN DE PIXELS ?

Une image numérique est composée de millions de petits carrés qui captent la lumière. Un de ces carrés équivaut à un pixel. Le mot « pixel » vient de la contraction des deux mots anglais *picture* et *element*. Plus il y a de pixels, plus l'image est précise. La précision de l'image est ce que l'on appelle la définition. Remarquez que dans la description des appareils, le nombre de pixels est suivi du mot « utiles » (10.0 pixels

COUP DE GÉNIE

Pour les photos de soir, enlevez le flash et augmentez la sensibilité du capteur. Du mouvement, des filés et des pixels (l'équivalent du grain en argentique) seront perceptibles, ce qui, en plus de donner beaucoup d'ambiance à une image, reste plus fidèle à l'atmosphère d'une soirée qu'une photo faite avec flash, où l'on a l'impression qu'un hélicoptère vient de débarquer dans la cour arrière.

utiles). La réalité, c'est qu'au-delà de 5 ou 6 mégapixels, vous achetez des pixels sans doute voués à être inutiles.

Pour profiter d'un appareil au grand nombre de pixels, et pour constater une différence, il faudrait faire un tirage de très grand format. Or, il est rare que les tirages grands formats dépassent 8 x 10 po (20 x 25 cm) ou 11 x 14 po (28 x 35 cm).

Plus le nombre de pixels est élevé, plus les fichiers sont lourds et difficiles à gérer. Autrement dit, la course à la haute définition peut ralentir ou encombrer votre ordinateur.

Depuis un an ou deux, la technologie a atteint un rapport d'efficacité optimal entre la définition de l'image à la prise de vue et les formats d'impression les plus courants. On peut encore à notre époque faire de la photo avec une boîte à chaussures, comme c'était le cas au début de son histoire. C'est important de mettre les choses en perspective au moment de l'achat.

L'ÉCRAN

La taille de l'écran ou du moniteur derrière l'appareil est très importante. Choisissez un appareil numérique dont le moniteur mesure au moins 5 cm². Plus il est grand, mieux c'est, parce que l'on peut bien voir ce que l'on s'apprête à photographier.

LES ZOOMS ET LES OBJECTIFS

Les appareils hypercompacts sont vendus avec un zoom intégré ; choisissez-le entre 3x et 10x, selon votre budget. Avec un zoom de 6x ou plus, assurez-vous qu'il ait un stabilisateur d'image. Si vous avez un appareil reflex, vous pouvez choisir un objectif fixe entre 100 et 150 mm, pour les portraits, ou entre 35 et 50 mm, si vous photographiez surtout des paysages. En ce qui concerne le choix d'un objectif, on peut se souvenir qu'un objectif qui reproduit le champ de vision normal de l'œil est de 50 mm. Un objectif qui « éloigne » le sujet mesure 35 mm et moins et se nomme grand angle. Un objectif qui « rapproche » le sujet mesure 85 mm et plus et se nomme téléobjectif. Si vous préférez un zoom, un objectif à portrait, de 80 à 200 mm, fait du très bon travail. Pour les paysages choisissez plutôt un zoom de 28 à 70 mm. La profondeur de champ des appareils compacts ne change pas tellement ; ils permettent tous une grande profondeur. Si vous vivez dans un petit appartement, choisissez un zoom qui descend à 28 mm, ce qui va vous donner plus de recul quand vous faites des photos d'ensemble.

LE PRIX DE L'APPAREIL PHOTO ET DES EXTRAS

La plupart des gens se servent d'à peine 50 % des gadgets de leur appareil photo. Comme ces extras font monter le prix (et que vous ne vous en servirez sans doute pas), faites-en l'économie.

Choisissez l'appareil le plus simple possible. Il existe sur le marché une étonnante variété d'appareils dont les prix varient de manière vertigineuse. Établir un budget est une chose facile ; si vous payez un prix modeste pour votre appareil (à partir de 300 $ et pas plus de 500 $), vous pourrez faire un voyage sur le continent de votre choix pour en explorer les monts et merveilles. Si vous payez votre appareil très cher, vous pourrez partir en safari-photo au parc municipal. Tout est affaire de choix.

LA CARTE MÉMOIRE

C'est très utile de disposer d'au moins deux cartes (surtout en voyage, où l'on n'a pas accès à un ordinateur aussi facilement pour télécharger ses images). Chacune d'elles devrait avoir une capacité minimale de 1 Go et ne pas dépasser 2 Go. Trop d'espace ne vous incite pas à transférer les photos dans l'ordinateur, alors que ce devrait être un réflexe. Si la gestion des photos ne se fait pas au fur et à mesure, on devient très vite dépassé et on risque de créer un gros problème au moment de l'archivage. Pour l'archivage et le classement des photos numériques, consultez le carnet technique (p. 142).

FORMATER UNE CARTE MÉMOIRE

Avant de prendre des photos et de les stocker sur une carte mémoire, celle-ci doit être formatée. Si l'on saute cette étape, la carte non formatée ne s'effacera jamais complètement, même quand les photos auront été transférées sur un ordinateur. Par conséquent, les images que l'on croit avoir effacées laisseront leur empreinte sous les nouvelles images et nuiront à leur qualité. Une carte mémoire peut être formatée de deux manières : l'appareil s'en charge, s'il est en mode automatique, ou vous pouvez le faire vous-même en mode manuel. Dans les deux cas, c'est une opération qui prend quelques secondes. L'avantage du mode manuel – qui n'est pas tellement plus compliqué que le mode automatique – est que l'on peut choisir le format des images. Les deux formats les plus courants sont JPEG en compact ou JPEG et RAW en reflex.

Le JPEG, parce qu'il est plus léger, est plus facile à transférer et à envoyer par courriel. Par contre, quand on veut copier un document en JPEG, la copie est de qualité inférieure à l'original, ce qui n'est pas le cas d'une copie d'un document en RAW. C'est ce qu'on appelle, en langage informatique, perdre une génération. Le JPEG demeure le meilleur choix pour transmettre les photos par courriel, soit à des amis, soit au service d'impression.

Le format RAW procure la meilleure définition de l'image. Les images sauvegardées dans ce format restent inaltérées, peu importe le nombre de copies. C'est aussi le format qui donne la plus grande marge de manœuvre pour la retouche. Par contre, c'est un format très lourd, qui prend donc plus de place sur le disque dur de l'ordinateur, et qui complique le partage des photos par courriel. Notez cependant que ce ne sont pas tous les appareils qui permettent de sauvegarder les fichiers en RAW. En règle générale, il faut un reflex.

LE LECTEUR DE CARTE MÉMOIRE

On peut transférer les photos de l'appareil photo à l'ordinateur de deux manières : en raccordant le câble fourni avec l'appareil directement à l'ordinateur ou en insérant la carte mémoire dans un lecteur de carte, qui s'achète à part. Pour la gestion des images, on peut installer le logiciel qui vient avec l'appareil ou encore se servir d'un logiciel de partage et de classement (iPhoto sur Mac ou Picasa, pour PC, par exemple). Il en existe qui sont encore plus performants. Il s'agit des logiciels de gestion de banque d'images, qui sont décrits dans le carnet technique sur les archives à la p. 149. Un détail : il vaut mieux ne pas tirer sur la carte pour la sortir du lecteur, ce qui pourrait à la longue créer de la statique et nuire à la qualité des images. Sur PC, cliquez sur Éjectez ; sur Mac, glissez l'icône du lecteur dans la corbeille.

LE RÉGLAGE D'UN APPAREIL COMPACT

Pour donner moins d'importance aux principaux inconvénients des plus petits appareils compacts – qui sont aussi automatiques, donc moins souples que les appareils reflex –, il y a deux choses essentielles à savoir.

Éteindre le flash : Les appareils compacts déclenchent automatiquement le flash si la lumière ambiante est insuffisante. Il est impératif de savoir comment éteindre le flash de votre appareil.

Cette information, qui change d'un modèle à l'autre, se trouve dans le guide de l'utilisateur. Certains appareils se remettent en mode automatique chaque fois qu'on les éteint et les rallume. Le flash de certains modèles se réactive par défaut à chaque photo. Aussi souvent que c'est possible, essayez d'éviter d'utiliser le flash, dont la luminosité souvent trop forte a tendance à aplatir les images.

Augmenter la sensibilité ISO : L'autre réglage important avant la prise de vue est la sensibilité du capteur numérique, calculée en ISO. Plus le chiffre augmente (ISO 200, ISO 400, etc.), plus l'appareil est sensible et moins il faut de lumière pour la prise de vue. Un appareil réglé à ISO 400 est deux fois plus sensible que s'il est réglé à ISO 200, etc. Il faut donc savoir comment régler la sensibilité du capteur ; c'est un réglage manuel, qui est aussi expliqué dans le guide de l'utilisateur de l'appareil.

LES ACCESSOIRES

Équipez-vous d'un trépied, le plus léger possible. Si vous faites beaucoup de portraits, un carton noir et un carton blanc d'un mètre carré chacun peuvent vous rendre de grands services pour travailler la lumière. On y reviendra au chapitre sur les effets (p. 132). Les rideaux plein jour blancs sont parfaits comme diffuseurs, quand vous faites un portrait près d'une fenêtre. On en parlera au chapitre sur la lumière (p. 126).

L'ESSENTIEL

Ce qui fait une bonne photo, c'est son âme, le pouvoir qu'elle a d'immortaliser l'émotion d'un moment, la tranquillité d'un endroit, la complicité avec un ami, un amoureux, la famille. Peu importe le raffinement de votre équipement, l'émotion doit prendre le pas sur la technique. C'est dans cette alchimie qu'acceptent de se livrer les photos réussies.

DE DEUX CHOSES L'UNE

L'œil rouge ou le sourire crispé? Le dispositif d'atténuation des yeux rouges n'a pas que des avantages. Ce système déclenche plusieurs petits flashs saccadés puis, une fraction de seconde après, le flash principal. Personne n'a les yeux rouges, mais entre les deux flashs, le sourire de tout le monde se fige. La meilleure solution à ce problème d'yeux rouges est d'éviter le flash en augmentant l'éclairage ambiant. Par ailleurs, certains appareils éliminent les yeux rouges automatiquement. Si ce n'est pas le cas du vôtre, vous pouvez aussi les faire corriger facilement à l'impression.

LA COMPOSITION DE L'IMAGE

On a tous appris un jour que les textes se lisent de gauche à droite et que les images, elles, se lisent en Z. Essayez de mettre le soleil en haut à gauche de votre cadre, un goéland dans le coin supérieur droit, une chaloupe en bas dans le coin gauche et le quai dans le coin droit. Et puis ? Si vous n'y parvenez pas, c'est tout simplement que les choses qui se lisent en Z ne sont pas placées en Z dans le décor. Malgré toutes les règles apprises, on découvre rapidement que la photographie n'en est pas à un paradoxe près. Une image réussie est souvent constituée d'éléments que l'on ne contrôle pas : la lumière, l'heure du jour, la composition. On peut tenter de mettre en œuvre des notions de composition qui semblent claires sur papier, mais on s'apercevra bientôt qu'elles sont le plus souvent impossibles à reproduire en pratique.

Le contrôle parfait d'une image est réservé au studio, sorte de laboratoire de l'émotion, inaccessible à la plupart des photographes. Dans la réalité, le portraitiste jongle avec les états intérieurs du sujet, qui influencent le résultat final. Le photographe de paysages est soumis quant à lui à la tyrannie de l'architecture et des proportions – votre amoureux aura toujours l'air d'une figurine à côté de la tour Eiffel –, qui commande souvent l'angle de prise de vue sur la base de contraintes platement fonctionnelles. Se placer au milieu d'un grand boulevard pour prendre l'ensemble d'une façade reste, bon photographe ou pas, une action dangereuse. Une fois sur mille, on peut mettre en pratique une règle de composition apprise dans un livre, y compris celui-ci. Le reste du temps, il faut s'en remettre à des repères plus souples. Accepter de faire des erreurs est le début d'un véritable apprentissage des règles non écrites de la composition.

QU'EST-CE QUE L'ON PHOTOGRAPHIE ?

La seule règle à suivre est celle-ci : demandez-vous d'abord ce que vous voulez photographier. Les plans d'ensemble réussissent rarement à rendre justice à tout ce qui s'y trouve. Que voyez-vous qui vous pousse à prendre une photo ? Une grange rouge qui se découpe sur l'herbe verte ? Un arbre lourd de pommes appuyé contre la grange ? Un bidon de lait à l'ombre de l'arbre ? Un enfant assis sur le bidon ? Le nom du fermier peint en grosses lettres sur le métal ? Il faut choisir, puisque c'est cette intention qui dirige la composition. Une fois que vous avez isolé l'élément que vous voulez mettre en valeur, la composition s'articule, en plan plus ou moins large, autour du sujet. Tout ce qui nuit à sa mise en valeur devrait être éliminé. En photo, le superflu est l'ennemi de la beauté. C'est le sujet principal qui commande l'harmonie des masses et des couleurs, les proportions, le cadre, bref, la composition.

LE DÉCOR, LES VOLUMES ET LES COULEURS

Les compositions les plus simples sont aussi les plus efficaces. Et les images classiques sont les plus intemporelles. À l'heure de faire ses premières armes en photo, il est préférable de choisir un minimum d'éléments et de les disposer dans l'image de façon à créer un cadre plus dépouillé que surchargé. Avant, par exemple, de photographier la grange, le pommier, le bidon et l'enfant, vous devrez vous exercer à faire des photos du bidon seul, de la pomme seule dans le feuillage, et à mesure que vous devenez de plus en plus habile, vous augmentez le niveau de difficulté, c'est-à-dire la complexité de la composition. Vous prenez alors le bidon, l'enfant, le pommier en arrière-plan, et une partie de la porte de la grange, disons.

Les images que l'on a le plus de plaisir à regarder sont celles dans lesquelles on peut entrer, comme dans une pièce ou dans un décor de cinéma. Les objets et les sujets sont disposés sur plusieurs plans, de façon à ajouter de la profondeur au cadre. L'œil s'arrête à l'entrée, s'habitue à ce nouvel endroit, puis poursuit sa visite. Une composition montée avec ce souci évite l'ennui et donne plus à voir que ce que l'on perçoit au premier coup d'œil. Les éléments massifs contrebalancés par des vides feront respirer la composition. Les couleurs, quant à elles, doivent s'harmoniser les unes aux autres : elles font partie intégrante de la composition dans les photos en couleurs.

LE CADRAGE

Si l'on a pris l'habitude de centrer le sujet, c'est que la composition symétrique est la plus rassurante de toutes. Pourtant, décentrer une image peut souvent donner des résultats intéressants. À l'inverse, centrer machinalement le sujet mène tout droit à des photos monotones et scolaires. Ce type de cadre n'a pas à être rayé de la liste des options, puisqu'il fait aussi de belles images, mais il doit être utilisé avec plus de parcimonie. Il est toujours possible de revoir le cadrage d'une image une fois qu'elle est dans l'ordinateur, mais y penser à la prise de vue peut vous éviter des ennuis : si vous attendez d'être à l'écran pour placer votre sujet tout à fait à gauche de l'image, il pourrait vous manquer un bout d'image à droite. Par ailleurs, quand on modifie la photo après la prise de vue, on retombe vite dans le panneau de tout centrer. Sans défi, on s'ennuie : les photos les plus réussies peuvent venir des plus flamboyantes erreurs. Le fait d'adhérer à cette constatation élargira significativement vos possibilités. Au début, pour vous simplifier la vie, faites une première photo centrée, que vous pourrez modifier après coup, et attaquez-vous ensuite aux photos décentrées.

LA MISE AU POINT

Pour décentrer une image, il faut jouer avec la mise au point. C'est une opération simple. Le foyer s'établit, par défaut, au centre du cadre indiqué par des marques dans le viseur. On vise le sujet en enfonçant le doigt sur le déclencheur à mi-course, ce qui va le rendre net. Tout en gardant le doigt enfoncé à mi-course, on recadre l'image en bougeant légèrement l'appareil pour que le sujet ne soit plus au centre. On prend ensuite la photo. Le sujet sera au foyer, même s'il est à droite, à gauche, en haut ou en bas du cadre. La mise au point se fait de manière automatique sur la plupart des appareils compacts. Savoir refaire la mise au point vous donnera beaucoup plus de souplesse d'exécution. Aucune règle ne vous oblige à placer le sujet ici ou là. Cela se fait en fonction de ce que vous photographiez, de l'arrière-plan et du décor. Et puis parfois, il n'y a pas non plus de décor : un très gros plan d'un visage peut être décentré (Leonard Cohen). Avant de prendre la photo, on peut jouer avec le cadrage et juger du meilleur effet à l'œil. C'est l'apport artistique du photographe.

LES PLANS

Les cadres qui se prêtent le mieux au portrait sont les plans buste, les gros plans et les effroyables très gros plans qui font frissonner la plupart des sujets, mais donnent des images d'une rare force. Ces trois valeurs de plans, qui créent la plus grande intimité avec le sujet, sont aussi souvent ceux qui profitent le mieux à l'éclat d'un regard, l'ébauche d'un sourire, l'émotion sur laquelle le cadre agit comme un miroir grossissant. Dans certains cas cependant, un plan plus large peut donner des résultats étonnants : quand on photographie quelqu'un chez lui, par exemple, ou dans un univers qui lui appartient, et que le décor ajoute de la vivacité au portrait (Jean-Pierre Ferland). Ou encore quand on fait le portrait d'une relation, c'est-à-dire de deux ou trois personnes qui offrent à la caméra un aperçu de leur complicité (Michel Rivard et ses filles).

COUPER DANS L'IMAGE

Il arrive de pousser l'audace d'un cadrage jusqu'à couper un visage en deux, ou couper l'image au milieu du front du sujet (Leonard Cohen, Ève Salvail, Christiane Charette). Ici aussi, il est impossible de tracer une ligne claire entre les choses à faire et à ne pas faire. Cette initiative peut venir à la prise de vue, comme elle peut être mise à exécution une fois que la photo est prise. Quand on recadre un visage de cette façon, il est important de prendre en compte ces quelques observations :

Le front devrait être coupé au milieu, ni trop près des sourcils (ce qui pourrait écraser le visage) ni trop près de la lisière des cheveux (ce qui créerait un effet à la Frankenstein).

Le nez ne devrait pas être coupé trop fin ou trop large, ce qui pourrait changer considérablement, et pas toujours pour le mieux, les traits du sujet.

Les iris des deux yeux doivent rester intacts. Soit on enlève juste le coin extérieur des yeux, soit on enlève un œil complet.

La bouche présente plusieurs possibilités. Si l'on en coupe une partie, il faut veiller à conserver l'équilibre du visage, qui varie d'un sujet à l'autre. Même s'il est plus rare de couper le bas du visage, on peut essayer ce cadre original à condition de conserver une bonne partie du haut du visage.

Peu importe le type de plan choisi, il est important de laisser respirer l'image. Si, par exemple, le sujet est à gauche du cadre et que son front est coupé en haut de l'image, la droite du cadre devrait être complètement libre. Si l'on serre le sujet de tous les côtés, l'intimité peut laisser place à un sentiment d'étouffement qui ne servira pas le portrait, mais donnera plutôt l'impression que le visage est coincé dans une boîte. Libérer un côté ou deux de l'image est indispensable à la réussite des très gros plans.

COUP DE GÉNIE

Les compositions où les éléments principaux sont disposés en nombres impairs (un, trois ou cinq éléments) sont les plus dynamiques et les plus intéressantes. Si l'image présente des plans différents, elle sera plus vivante que si les objets ou les sujets sont placés en rang d'oignons.

DE DEUX CHOSES L'UNE

À la verticale ou à l'horizontale? Tout, dans l'ergonomie de l'appareil photo, est réglé pour une prise de vue à l'horizontale. Le tourner demande réflexion, mais donne dans certains cas de bien meilleurs résultats, en particulier pour les portraits. Pour acquérir le réflexe de tourner l'appareil chaque fois que l'occasion se présente, prenez l'habitude pour un temps de faire toutes les photos en double; une version à la verticale et une autre à l'horizontale.

Mariage en noir et blanc ou en couleurs? Les photos de mariage en noir et blanc sont romantiques et poétiques. En revanche, les photos couleur traduisent avec plus de fidélité les détails qui font les souvenirs : l'ornementation d'un bouquet ou le détail d'un ruban, l'or des alliances, le rose aux joues. Si vous faites des photos de mariage, mêlez les photos noir et blanc et couleur.

LE NOIR ET BLANC ET LA COULEUR

COUP DE GÉNIE

Pour éviter de voir défiler les époques et leurs modes dans vos albums, faites au moins une photo classique en noir et blanc de votre famille chaque année.

En photo numérique, la décision de faire une photo en noir et blanc ou en couleurs peut être prise seulement au moment de la retouche ou de l'impression. La plupart des appareils numériques prennent des photos couleur par défaut, mais certains peuvent être réglés en mode noir et blanc. Une photo en couleurs pourra toujours être convertie en noir et blanc, or l'inverse n'est pas vrai. En faisant des tests avec vos images dans l'ordinateur, vous voyez ce qui va le mieux à votre sujet.

Par contre, si vous voulez avoir un maximum de contrôle sur le résultat final et rendre justice de la meilleure manière possible à votre sujet ou à votre idée, il est préférable de prendre la décision au moment de la prise de vue et de tenir compte des particularités de chacun des styles. Les conseils qui suivent valent surtout pour les portraits, mais seront aussi utiles pour les photos de voyage et les paysages.

LE NOIR ET BLANC

On préfère le noir et blanc quand on souhaite faire une photo intemporelle, classique, indémodable, ou encore quand on veut saisir l'essence d'une action ou d'un regard sans être dérangé par les masses de couleurs qui fondent parfois le sujet dans le décor. Un portrait traverse mieux le temps quand le sujet porte des vêtements sobres, comme une chemise, un chandail à col rond ou à col bateau avec des manches longues, sans motif autant que possible.

LA COULEUR

C'est drôle à dire, mais on prend une photo en couleurs quand on veut photographier… de la couleur. Lorsqu'on veut faire ressortir l'éclat d'un canari ou d'une pivoine. Ou encore mettre en valeur la subtilité d'un camaïeu, ou les détails d'un épouvantail allongé sur une botte de foin. De même pour le ton sur ton. Pour photographier un sujet habillé en blanc sur un fond blanc, la photo couleur est un meilleur choix que le noir et blanc. Alors que cette dernière va dissoudre les contrastes dans un délavé triste comme la pluie, la couleur fera ressortir la richesse des gris pâles.

LES CONTRASTES, LES TEXTURES ET LES HARMONIES

Les photos noir et blanc commandent du contraste et de la texture, dans le maquillage comme dans les vêtements. Les motifs comme les rayures, les pois et les damiers donnent des photos nettes et dramatiques, alors que les tissus texturés font de belles images, parce qu'elles exploitent au maximum la gamme fine et étendue des gris, qui font le relief des photos sans couleur. En noir et blanc, le sujet doit aussi trancher sur le fond. Si vous faites du portrait en couleur, accordez un soin spécial à l'harmonie des teintes, en particulier si vous photographiez un groupe. Le rapport du sujet avec l'arrière-plan obéit aussi aux mêmes principes : le fond ne doit pas voler la vedette.

VOIR LA COULEUR EN NOIR ET BLANC

Pourquoi ne pas essayer deux versions d'une même photo? Vous pouvez travailler les couleurs de manière qu'elles rendent de bons contrastes une fois transférées en noir et blanc. Voici un aperçu du rendu des couleurs en noir et blanc :

Rouge, marine, vert forêt, brun	Gris très foncé
Beige, jaune vif, rose, bleu ciel, vert lime	Gris moyen
Crème et gamme des pastels	Gris clair

LES TEINTS

Le noir et blanc avantage presque tous les teints, en particulier dans le cas d'un gros plan. Les personnes âgées, les visages rouges et les teints pâles en sont embellis. Pour ce qui est des teints foncés, selon l'effet souhaité, le noir et blanc comme la couleur donnent de bons résultats. Les photos d'enfants seront toujours plus vivantes en couleurs.

La contribution de la lumière est aussi importante que celle de l'appareil photo. Quand on trouve qu'une image a de l'atmosphère, le mérite en revient à la lumière et à l'éclairage. La photo n'en est pas à un paradoxe près : on commence à devenir un meilleur photographe quand on sait manier la lumière, bien que l'on ne puisse jamais complètement la dompter. La lumière contrôlée est réservée au studio. Dès que l'on en sort, elle a des humeurs et des caprices. Elle n'obéit pas au photographe, c'est l'inverse. Ainsi, travailler la lumière pourrait être reformulé ainsi : négocier avec elle dans le meilleur intérêt d'une image. Et pour lui soutirer les meilleures intentions, il faut s'y prendre de la bonne façon.

OUVRIR GRANDS LES YEUX

C'est avec un sens de l'observation aiguisé que l'on débusque les images. Une fine analyse des jeux de lumière et d'ombre sur le sujet, de pair avec la sensibilité à ce qui se passe autour de soi, est le b. a.-ba de la photo. L'heure du jour et le temps qu'il fait ont beaucoup d'influence sur une image. L'endroit où l'on se trouve aussi. Tenez un journal de bord de la lumière à l'intérieur de vous. Notez-y mentalement de nouvelles entrées à mesure que la lumière change. Faites-en un automatisme.

LA PLUIE ET LE BEAU TEMPS

La lumière du jour est la plus belle quand elle prend une délicate teinte jaune, soit tôt le matin quand elle est douce et diffuse comme une brume, soit une heure ou deux avant le coucher du soleil, à l'heure où elle est à la fois diffuse et contrastée. Entre les deux se dresse le soleil cru de midi, qui jette une lumière blanche et unidimensionnelle sur tout ce qu'il touche et complique la tâche des photographes, même les plus experts. Et comme une bonne nouvelle ne vient jamais seule, il est possible (et même fort probable) que la photo que vous souhaitiez prendre se pointe à midi pile. La croyance largement répandue que l'on ne doit pas prendre une photo à midi est justifiée, mais pas incontournable. Il faut dans ce cas chercher l'ombre, celle d'un arbre, d'un parasol ou d'un auvent, et placer le sujet à l'abri du soleil, ce qui lui évitera d'être ébloui et de faire la grimace. Le photographe peut se placer n'importe où, au soleil ou à l'ombre. Quitte à lui demander de se déplacer, on prend le sujet dans un angle où l'ombre crée du relief. Cependant, attention aux zones sombres indésirables sous ses yeux ou sur son visage.

LES NUAGES

Les journées de ciel couvert sont des jours de beau temps pour les photographes. Ces jours-là, on peut faire des photos du matin au soir. Les nuages agissent comme une boîte lumineuse, cet accessoire qui sert de diffuseur pour les sessions de photo. Ils estompent les trop forts contrastes propres au soleil, diffusent une lumière feutrée qui donne un surplus d'âme aux images, et surtout n'obligent pas le sujet à plisser les yeux. Le temps couvert donne beaucoup d'ambiance aux photos. Par contre, les ciels variables sont les pires de tous. Ils donnent une lumière capricieuse et instable, qui se voile et se dévoile de manière imprévisible. Comme il n'y a rien à faire contre ça, n'allez surtout pas vous taper sur la tête si vous ratez une photo dans ce genre de conditions.

LE FLASH

On ne le répétera jamais assez : on devrait éviter de l'utiliser chaque fois que c'est possible. Les appareils professionnels ou très sophistiqués permettent d'utiliser le flash avec beaucoup de souplesse, mais celui qui est intégré aux appareils compacts jette une lumière trop forte, qui aseptise les portraits et enlève tout relief à une image. La meilleure façon de se passer du flash est d'éviter d'en avoir besoin. Cette tautologie est importante, puisqu'elle va transformer votre approche de la photo. La seule occasion où l'on devrait y avoir recours, c'est quand il n'y a

Si l'une des sources
de lumière vient
du plafond quand
vous faites des
photos à l'intérieur,
éteignez-la.
Comme le soleil trop
haut de midi, un
plafonnier fait
tomber sur le sujet
une lumière plate
qui donne des images
unidimensionnelles.

aucune autre manière de faire une photo. Dans un cas comme celui-là, prenez une première photo avec le flash pour ne pas perdre le moment, et tentez ensuite de la refaire sans flash de l'une des façons suivantes :

Le jour : À l'extérieur, il est presque toujours possible de se passer de flash durant la journée. À l'intérieur, on peut rapprocher le sujet d'une fenêtre ou d'une source lumineuse. Même si le geste est simple, déplacer le sujet est un réflexe que l'on a peu souvent. Ne vous en privez pas ; le résultat pourrait être concluant.

Le soir : La performance d'un appareil peut être améliorée en augmentant la sensibilité ISO. C'est une opération facile, décrite dans le manuel de l'utilisateur de votre appareil photo et ci-après. On essaie ensuite d'intensifier la lumière ambiante dans la pièce, quitte à déplacer une source au besoin. Ajouter une source de lumière hors cadre entre l'appareil et le sujet donne, la plupart du temps, assez de clarté pour faire une photo sans flash. S'il n'y a pas de lampe à proximité, les bougies donnent de très bons résultats. Il faut éviter cependant de placer une source lumineuse sous le menton du sujet, sous peine d'obtenir un éclairage de film d'épouvante. Les lumières ambiantes produisent une lumière plus jaune que le flash, et c'est leur intérêt. Une teinte jaune trop prononcée peut être corrigée à la retouche.

LA SENSIBILITÉ ISO

L'indice ISO est la mesure qui règle la sensibilité du capteur. Comme on l'a dit plus tôt, un appareil réglé à ISO 400 est deux fois plus sensible qu'à ISO 200, etc. Ce choix n'est pas arbitraire : il dépend directement de la quantité de lumière ambiante. Plus il y a de lumière à un endroit donné au moment où l'on prend la photo, moins le capteur a besoin d'être sensible. Par ailleurs, plus l'indice ISO est bas, plus le grain de la photo est fin. En numérique, on utilise le terme *pixelisé* pour parler de l'aspect plus ou moins granuleux

d'une image. Une photo peut être peu ou très pixelisée, selon la lumière disponible ou selon les préférences du photographe. Voici une liste des principaux indices et des situations où on les utilise le plus souvent :

ISO 100 On règle l'appareil à ISO 100 quand il y a plus de lumière qu'il n'en faut pour prendre la photo : par une journée ensoleillée, par exemple. Ce n'est presque jamais le cas à l'intérieur. Une photo prise à ISO 100 est très peu pixelisée.

ISO 320 à 400 Cet indice se prête aux photos intérieures de jour ou celles prises à l'extérieur par une journée ombragée. Quand l'appareil est réglé entre 320 et 400, la photo est perceptiblement pixelisée.

ISO 800 à 1200 Cet indice est d'un grand secours pour les photos de soir, autour d'un feu par exemple, ou les photos prises à l'intérieur le jour ou le soir quand il fait sombre ou que la lumière ambiante est faible. Cet indice indique le plus haut degré de sensibilité du capteur. Tous les appareils compacts ne vont pas jusqu'à ISO 1200. Ce réglage donne des photos qui ont beaucoup d'ambiance, elles présentent même parfois des filés ou des bougés, et sont très pixelisées, ce qui ajoute à leur charme.

LE CONTRE-JOUR

Dans le rayon des vérités toutes faites, l'interdiction de prendre une photo à contre-jour, c'est-à-dire quand le photographe fait face au soleil et que le sujet lui fait dos, a la vie dure. La raison principale de cette mise en garde vient de la lumière parasite, causée par le reflet du soleil dans l'objectif. L'autre désagrément du contre-jour est de créer un effet silhouette qui éclipse les traits et les détails du sujet. Pour éliminer ces deux indésirables, on place une main au-dessus de l'objectif afin de freiner une lumière trop directe sur l'appareil. Une astuce de plus : si le photographe est près du sujet et qu'il porte un chandail blanc, il agira comme réflecteur et illuminera le sujet. Mais pourquoi se donner tout ce mal, vous demandez-vous? Eh bien parce que la lumière est franchement intéressante à contre-jour. Elle vient de derrière le sujet et crée beaucoup d'atmosphère. Cette façon d'apprivoiser la lumière donne, avec les prises de vue à l'ombre, les plus belles images.

L'ÉCLAIRAGE ARTIFICIEL

Les sources lumineuses artificielles, qu'elles soient intérieures ou extérieures, n'ont pas toutes la même teinte. C'est ce que l'on appelle en photo, la température couleur. À titre d'exemple, une lampe au mercure – comme celle d'un lampadaire – donne une teinte bleu-vert froide, alors qu'une lampe à incandescence jette une lumière plus jaune, donc plus chaude. C'est ce type de lampe que l'on trouve en général dans une maison, mises à part les lampes halogènes, qui jettent une teinte plus bleutée. Le néon, quant à lui, a une teinte verte, pas du tout flatteuse au teint. C'est pour cette raison que l'on ne photographie jamais ses proches à la pharmacie...

Il faut retenir que les températures couleur ne se mélangent pas. S'il y a dans une même pièce une lampe halogène au plafond, une petite lampe de table et une lampe sur pied dont les températures couleur ne correspondent pas, l'image sera mouchetée. Les teintes respectives de chacune des sources ne sont pas apparentes à l'œil nu, mais l'appareil photo va les enregistrer. Un appareil reflex fera la correction, mais pas un compact. S'il n'y a pas assez de lumière pour garder seulement les sources de même température couleur alors que vous utilisez un appareil compact, il faut recourir au flash. Sa lumière puissante va surenchérir sur les autres sources et les fusionnera toutes dans une même teinte.

Si, au contraire, la lumière est trop forte, orientez la source vers un mur clair. Comme la lumière se réfléchira sur ce mur avant de rejaillir sur le sujet, elle sera beaucoup plus douce.

LE SOIR ET LA NUIT

Le soir, on a tendance à négliger le travail de la lumière. Dans la plupart des cas, on s'en remet au flash. Celui d'un appareil compact a une portée assez courte – quelques mètres tout au plus –, ce qui limite son utilisation à des photos de près. Par exemple, si vous photographiez un monument qui se trouve à flanc de colline et que vous êtes tout en bas ou de l'autre côté d'une route ou d'un cours d'eau, le flash n'aura aucun effet. Il surexposera l'herbe à 5 m devant l'appareil et ne laissera que quelques points lumineux anémiques au loin. Dans ce contexte, comme pour toutes les photos de nuit, augmenter la sensibilité ISO permet de compter sur la lumière ambiante.

Si vous faites le portrait d'une personne ou encore la photo d'une tablée, le flash aura une assez longue portée pour éclairer les sujets, mais l'effet risque d'être décevant; l'ambiance se perdra dans une lumière sans relief, les visages les plus près de vous seront surexposés et les plus éloignés se perdront dans la pénombre. Augmentez alors la sensibilité ISO. Le capteur de l'appareil deviendra plus sensible, des bougés et des filés apparaîtront sans doute dans l'image et contribueront à son ambiance. Certains photographes se sentent pris en défaut quand l'une de leurs photos de nuit présente des filés ou des bougés. Si c'est votre cas, révisez cette perception : ceux-ci font la richesse de certaines images parmi les mieux réussies.

DE DEUX CHOSES L'UNE

De jour ou de soir? La lumière du jour avantage presque tous les sujets, pour ne pas dire tous. Elle permet d'échapper au flash ainsi qu'aux complications de l'éclairage artificiel, qui réserve bien des surprises, et pas toujours les meilleures, aux photographes. Prendre l'habitude de faire des photos le jour va changer votre façon de travailler. C'est vrai que l'on n'en a pas toujours le loisir; lorsque vous recevez des amis le soir, vous devrez faire le maximum avec la lumière artificielle. Par contre, pour les projets que vous planifiez d'avance ou pour améliorer la qualité des portraits que vous faites de vos proches, la lumière du jour, à l'extérieur ou à l'intérieur près d'une fenêtre, est votre meilleure alliée.

Le génie, ça ne s'apprend pas. C'était la mauvaise nouvelle de ce livre. La bonne nouvelle, en contrepartie, c'est que chaque photographe a une part de talent et qu'il a la possibilité d'en faire quelque chose, de l'amener à sa pleine maturité. Le talent est mystérieux : il obéit certainement à des ficelles accrochées bien haut dans l'invisible, mais l'autre bout de ces ficelles est à la portée de celui qui décide de s'y agripper.

L'ILLUSION TECHNIQUE

Les appareils toujours plus performants promettent des photos de qualité professionnelle à quiconque manie un appareil photo pour la première fois. Gardons la tête froide. Un appareil trop complexe demande beaucoup de persévérance avant de se laisser amadouer. Aucune lecture théorique ne remplacera des heures de pratique. Pour obtenir de meilleures photos, il y a des prérequis plus importants que la technologie à considérer.

LE MOMENT DE GRÂCE

Le moment de grâce ne se provoque pas, seulement, quand il se présente, il ne faut pas le laisser filer. Au début, on sait qu'il vient de se passer quelque chose, mais c'est déjà trop tard. Puis avec le temps, on sent que l'on est au cœur de cet instant furtif, et qu'il faut le saisir. C'est une question d'observation et de sensibilité. Un moment de grâce est un instant gratuit, sans préparation, mais baigné d'émotion. Plus on est un photographe sensible, à l'écoute du mouvement qui nous entoure, plus ces moments vont se multiplier.

LE SENS DU *TIMING*

Cette faculté doit être développée si l'on souhaite attraper un moment de grâce au vol. Si l'on appuie sur le déclencheur un millième de seconde trop tard, l'instant sera perdu. L'intention puis la réaction du doigt sur le déclencheur obéissent à une séquence qui vient avec la pratique et la connaissance de l'appareil. Le contrôle du délai

entre le déclic mental et le déclic de l'appareil est ce que l'on appelle le *timing*. Une façon de le pratiquer est de photographier un sujet qui bouge. Exercez-vous, par exemple, avec des voitures en mouvement. Tant que le sujet n'est pas centré dans l'image, on recommence. Une fois que l'on a compris le principe, cela devient instinctif. Le *timing* dépend d'un moment qui est différent chaque fois, d'une lumière toujours différente. Le mieux est d'être prêt à tout.

LA PHOTO SUR LE VIF

Une photo sur le vif (*snapshot*) n'est ni plus ni moins que la rencontre d'un moment de grâce et d'un bon *timing*. On l'a dit, on ne commande pas un moment de grâce. Il arrive. En revanche, si vous êtes dans la rue, que vous voyez quelque chose, une scène, n'importe quoi, et qu'au lieu de vous dire « Ça ferait une bonne photo », vous dégainez, vous avez alors une chance de repartir avec une image. Et une très bonne image, en plus. Les photos sur le vif ne sont ni meilleures ni moins bonnes que les photos préparées. Elles circulent dans une voie parallèle et renouvellent chaque fois le plaisir de voir la vie défiler devant soi.

Pour réaliser de bonnes photos sur le vif, il faut :

1. Avoir son appareil sur soi. C'est la raison pour laquelle je privilégie l'appareil compact.
2. Prendre la photo avant, réfléchir après.

COUP DE GÉNIE

L'habitude de prendre une seule photo du sujet nous vient des appareils argentiques et du prix de la pellicule. C'est le plus grand luxe de la photo numérique : gaspiller des poses. Ce ne serait pas raisonnable de s'en passer. Développez le réflexe d'appuyer sur le déclencheur plusieurs fois de suite. Deux, trois, quatre fois. Plus vous multipliez les déclics, plus vous augmentez vos chances de trouver la photo que vous cherchez.

Son nombril ou la périphérie? La photo est une bête indocile. Une image se présente au jour et à l'heure qui lui conviennent, et repart aussi vite qu'elle est venue. C'est au photographe de se plier à sa volonté. Si l'on reste centré sur les réglages de l'appareil, ou si l'on insiste pour tout placer d'abord, on prendra à tout coup les photos qui sont de part et d'autre de LA photo. On ne commande rien. Mais on peut voir venir. À cet instant précis, une image se prépare autour de vous. Levez les yeux et regardez-la s'approcher.

Un reflex est un appareil photo coûteux, qui demande non seulement du savoir-faire, mais quelques saisons de pratique. Cependant, il deviendra indispensable pour réaliser certaines images. Bien qu'un appareil compact corresponde parfaitement à la plupart des besoins, les limites techniques de ce type d'appareil sont réelles. Les flous maîtrisés, les bougés, les effets de profondeur de champ, les photos de nuit à longue exposition sont hors de sa portée. Un reflex vous donnera de plus accès à une gamme étendue d'objectifs interchangeables. Par là même, il ouvre la voie à de nombreux effets.

AVEC UN COMPACT

Même si les prouesses photographiques ne sont pas toutes à la portée d'un appareil compact, on peut quand même lui soutirer un certain nombre d'effets visuels.

La profondeur de champ et les flous : Une mauvaise mise au point délibérée peut produire un intéressant brouillard dans l'image et lui donner une ambiance singulière. Avec un appareil automatique, la seule façon de créer un flou est de modifier la mise au point; en enfonçant le doigt à mi-course, vous réglez la mise au point ailleurs que sur le sujet, c'est-à-dire sur un objet à l'avant-plan ou à l'arrière-plan. Plus le foyer est éloigné du sujet principal, plus la photo sera floue. En gardant le doigt enfoncé à mi-course, vous revenez au sujet et appuyez sur le déclencheur.

La profondeur de champ, quant à elle, est déterminée par la zone de netteté à l'intérieur du cadre. Si le sujet est au foyer et que tout le reste est flou, la photo a une petite profondeur de champ. En revanche, si le sujet et l'arrière-plan sont au foyer, elle a alors une grande profondeur de champ. Les préréglages des appareils automatiques offrent deux possibilités : portrait et paysage, identifiés par des icônes sur l'appareil. Le mode portrait indique une faible profondeur de champ : le sujet sera au foyer, mais l'arrière-plan sera flou. Le mode paysage annonce une grande profondeur de champ.

Les bougés et les filés : Un bougé crée une sorte de vibration dans l'image qui rend les contours des sujets imprécis. Un filé produit plutôt des traînées de lumière. Un appareil automatique peut arriver à ce type d'effet, bien qu'il soit difficile de les doser avec précision. En règle générale, moins il y a de lumière ambiante, plus un bougé ou un filé sont possibles, à condition de photographier un sujet qui se déplace ou d'être soi-même en mouvement. Le mode sport, offert sur la plupart des appareils automatiques, augmente la vitesse du déclic, et diminue l'effet bougé ou filé quand on photographie un sujet en mouvement ou que l'on est soi-même en mouvement. On peut aussi augmenter ou baisser la sensibilité ISO pour permettre un effet plus ou moins prononcé. Moins l'indice ISO est élevé, moins le capteur est sensible et plus il a besoin de lumière. S'il en manque, un bougé ou un filé apparaîtront.

C'est ici que s'arrêtent les prouesses d'un appareil automatique en ce qui concerne les effets. Pour passer en vitesse supérieure, il faudra avoir entre les mains un appareil reflex.

VITESSE, OUVERTURE ET LUMIÈRE

La fabrication d'une photo dépend du rapport entre le temps d'exposition du capteur à la lumière (la vitesse), la quantité de lumière qui entre dans l'appareil (l'ouverture) et la puissance de cette lumière. N'importe quelle variation d'un de ces trois réglages aura une influence sur le résultat. Dans les faits, un appareil compact automatique analyse chacune d'elles de manière simplifiée avant d'ajuster les réglages sans que l'on intervienne. Un appareil reflex offre aussi le mode automatique, mais s'en servir de cette manière équivaut à louer un smoking pour une partie de pêche. Bien que ce soit le droit de chacun de faire ce qu'il veut, on profite déjà mieux de ce type d'appareil en mode semi-automatique. Cependant, le mode manuel facilitera la transition entre un compact et un reflex ou s'avérera utile les jours de ciel variable. En fonction de ce que l'on souhaite photographier, on peut préférer l'une de deux options :

Priorité vitesse : Le photographe détermine la vitesse, l'appareil ajuste l'ouverture. On choisit ce mode pour photographier des sujets en mouvement : le petit dernier qui roule à toute vapeur sur son tricycle rouge, par exemple.

Aide-mémoire : Plus grande est la vitesse (1/250, 1/500, 1/1000), plus le sujet sera figé, même s'il est en mouvement. Une grande vitesse immobilise en quelque sorte le sujet dans l'image. Notez que plus grande est la vitesse, plus le capteur a besoin de lumière. À l'opposé, plus le déclencheur est lent (à partir de 1/30), plus il y a de chances que des filés ou des bougés apparaissent dans l'image. L'appareil ajuste donc l'ouverture pour faire entrer la bonne quantité de lumière dans le capteur, en fonction de la vitesse.

Priorité ouverture : Le photographe détermine l'ouverture, l'appareil ajuste la vitesse. On choisit ce mode quand la profondeur de champ (petite ou grande) est importante : si vous voulez photographier une fleur magnifique dans un dépotoir (petite profondeur) ou la bouteille d'eau sur la table, votre ami derrière, le garçon de café qui passe au même moment, la fontaine sur la place et l'église derrière la fontaine (grande profondeur).

Aide-mémoire : Plus petit est le chiffre qui désigne l'ouverture (par exemple, F4), plus petite sera la profondeur de champ. Par conséquent, plus grand est le chiffre qui désigne l'ouverture (par exemple, F22), plus grande sera la profondeur de champ. Un petit chiffre correspond à une grande ouverture ; à grande ouverture, le capteur a besoin de peu de lumière. Un grand chiffre équivaut à une petite ouverture ; le capteur a dans ce cas besoin de beaucoup de lumière. C'est donc dire que pour augmenter la profondeur de champ, soit l'étendue de la zone qui est au foyer dans l'image, il faut augmenter la lumière ambiante.

Après les modes automatique, priorité ouverture et priorité vitesse, on peut aussi opter pour une quatrième option, le mode manuel, qui permet d'ajuster à la fois l'ouverture et la vitesse. Mais on s'était promis de s'en tenir aux explications simples…

CARTONS BLANCS, CARTONS NOIRS

Les cartons (1 m², au plus) sont indispensables à un meilleur contrôle de la lumière. Vous devez les choisir rigides (16 plis ou plus). Les boutiques de matériel d'artiste sont les meilleures adresses pour les trouver. Le carton blanc agit comme réflecteur, tandis que le carton noir crée des ombres ou absorbe la lumière. En portrait,

les deux peuvent aussi servir de fond. Prenons comme exemple une source de lumière qui vient d'un côté du sujet. On peut placer un carton blanc de l'autre côté pour augmenter les détails du côté qui n'est pas éclairé. Le carton blanc sert aussi à réfléchir une source si l'on souhaite faire une photo à contre-jour. À défaut d'avoir un carton blanc sous la main, les rideaux plein jour blancs diffusent et réfléchissent la lumière d'une manière similaire. À l'inverse, le carton noir absorbe la lumière. On peut s'en servir sur le sol, pour éliminer un reflet, ou encore placer deux cartons de chaque côté du visage d'un sujet, pour découper ses traits et affiner le contour de son visage. Les visages très ronds profitent du carton noir, alors que le carton blanc arrondit et adoucit les traits des visages minces.

LES FILTRES

Deux filtres s'avèrent très utiles dans plusieurs conditions à l'extérieur : un filtre polarisant et un filtre anti UV. Le filtre polarisant élimine à la prise de vue les reflets de la lumière dans le paysage ou sur le sujet. Bien que ce ne soit pas son utilisation première, on peut aussi s'en servir pour enlever la brillance dans le visage des sujets. Ce type de filtre augmente les contrastes de l'image et sature certaines couleurs. Il donne, par exemple, une teinte très profonde au bleu du ciel ou encore enlève les reflets du soleil sur la pelouse, ce qui la verdit. Il est aussi indispensable sur l'eau. Pour savoir si l'on doit l'utiliser dans une situation donnée, on essaie : s'il n'y a pas de différence visible, c'est qu'il est inutile. Notez cependant que ce type de filtre n'a aucun effet à contre-jour. Le filtre UV, quant à lui, est un filtre bien différent. Son travail est de filtrer les rayons ultraviolets, imperceptibles à l'œil, mais qui causent une sorte de voile grisé ou de brume sèche qui affadit les photos. C'est un filtre parfaitement invisible, que l'on peut laisser en permanence sur l'objectif et qui sert en même temps à le protéger des saletés, des empreintes de doigts ou de la bruine, quand on est près de l'eau. On peut l'enlever facilement pour le nettoyer souvent.

DE DEUX CHOSES L'UNE

Le goût du risque est le sel de la photo. Les appareils reflex numériques – c'est un de leurs grands avantages – permettent de faire de la photo en atmosphère contrôlée, à cause du grand nombre de préréglages possibles. Par contre, c'est un peu comme faire de la plongée sous-marine dans un spa. On ne court pas de grand danger, mais il n'y a pas beaucoup de défi non plus. Si l'on prend des risques, on fait des erreurs, c'est vrai. Par contre, le cœur bat plus vite. Et les photos deviennent meilleures.

Si vous n'êtes pas encore convaincu du bien-fondé d'utiliser un appareil très compact, c'est en voyage que vous ressentirez le poids d'un appareil trop gros. En ce qui concerne les objectifs, un zoom court (28 à 70 mm) est ce qu'il y a de plus souple en voyage. Celui-ci nous permet de photographier un paysage ou un monument, surtout lorsqu'il est impossible de s'en éloigner assez pour le prendre au complet. À 28 mm, l'objectif donne l'illusion que l'on a traversé la rue ou la place pour avoir une vue d'ensemble.

CINQ OBSERVATIONS SUR LES PHOTOS DE VOYAGE

1. La raison pour laquelle on prend des photos en voyage a souvent plus à voir avec la raison pour laquelle Neil Armstrong a planté un drapeau sur la Lune qu'avec l'intention de faire une bonne image. On veut que la photo dise « J'y étais ! ». Alors me voici devant la fontaine, ça c'est moi devant la vigne, et ça c'est moi avec le marchand de tapis. Cette raison de prendre une photo est fort valable et férocement justifiée, mais en ce qui concerne le développement de vos talents de photographe, elle devient limitative à la longue.

2. Vous avez le droit et la permission de ne pas mettre des indices du lieu où vous êtes sur toutes les photos. On le fait par réflexe, par convention même, mais une photo de Paris peut se passer de la tour Eiffel. Il s'agit de se permettre de voir Paris autrement.

3. Si certaines personnes ne peuvent concevoir une photo de voyage où il n'y a personne du groupe, d'autres conçoivent les paysages comme des natures mortes : s'il s'y trouve quelqu'un, la photo est gâchée. Dans un cas comme dans l'autre, il n'y a pas de vérité indiscutable. La constante, c'est qu'une photo de paysage ou de voyage réussie donne envie de se voir transporté illico dans la photo. Et l'on a plus de chances d'accomplir cet exploit si l'on élargit ses horizons.

4. Tant qu'à faire de la philosophie, on peut observer que la plupart des gens ont souvent les mêmes images d'une même destination. Les guides de voyage donnent parfois même les meilleurs points de vue. Vous partagez alors vos photos avec un autocar au grand complet. Le décor reste le même, les visages changent.

5. Les photos de voyage sont les images qui creusent le plus grand décalage entre le moment photographié et le résultat. S'il est difficile de reproduire une émotion, il est encore plus périlleux de ramener les sons, les odeurs, les accents et les voix dans son appareil. Le photographe voyageur doit avoir le souci du collectionneur et prendre un à un les souvenirs qu'il conservera dans un grand coffre posé au fond de sa mémoire.

COUP DE GÉNIE

Pour pister les meilleurs sujets en voyage, il y a un truc qui ne fait jamais défaut. Chaque fois que l'on se dit « Que c'est beau, il n'y a pas ça chez nous », on prend une photo. L'inoubliable a malgré lui la faculté d'être oublié. Pas s'il a été photographié.

L'ORIGINALITÉ

Par habitude, on place tous les éléments d'une image sur le même plan : la grange est aussi importante que la vache et que le cycliste qui passe entre les deux. En tentant de tout photographier, on court le risque de ne rien photographier de particulier. Pour réussir une photo de voyage ou de paysage, comme un portrait, on doit se demander ce que l'on photographie, au juste. Qu'est-ce qui a fait que l'on s'est arrêté sur le paysage? La lumière? Le ciel? Un monument connu? Une personne dans ce paysage? Ensuite seulement on photographie cet élément, lui seul, et ce qui figurera à ses côtés sur l'image devra mériter sa place. Comment? En mettant en valeur l'élément principal. Sinon, ouste! Ce qui fait rater une photo n'est pas toujours ce qui ne s'y trouve pas, mais plutôt ce que l'on a refusé d'enlever. Le dosage et un sens précis de ce qu'il y a à mettre en valeur dans l'image jouent un rôle de première importance dans la qualité d'une image.

L'ÉCHELLE

Quand on photographie l'immensité d'un canyon, le paysage seul ne donne pas de repères pour juger des proportions. Le sentiment de se sentir petit dans la nature est l'un des plus difficiles à traduire en photo. Si vous souhaitez donner de l'ampleur à un décor, intégrez un repère à la photo : une maison perchée au bord d'une falaise, une simple fleur en avant-plan. N'importe quel objet, comme une embarcation au bord de l'eau ou une charrette dans un pré peuvent rendre à un paysage la majesté qui nous a poussé à le photographier.

Quand c'est une personne que l'on souhaite photographier devant un monument, le rapport de proportion entre les deux joue toujours contre la personne. Le monument attire toute l'attention, même s'il est en arrière-plan. Inutile de demander au sujet de sourire, puisque l'on perd complètement ses traits. Vous devez alors faire un choix : est-ce que vous photographiez vos amis assis sur le parapet ou la ville de Capri en arrière-plan? Si vous essayez de photographier les deux, il y a fort à parier que la photo sera décevante. Par contre, Capri peut servir de toile de fond à l'une de vos plus intéressantes photos de voyage.

Pour mettre une personne en valeur devant un monument, il est important de laisser une grande distance entre le sujet et le monument, ce qui va le décoller du fond et permettra de le prendre en plan buste, quitte à couper une partie du monument. Voilà une permission que l'on ne se donne pas souvent. Le détail d'une cathédrale, comme une poutre ou un vitrail, ou les caisses de fruits d'un marché public font un bel arrière-plan à un portrait. Celui-ci sera personnel, mettra en valeur le sujet, et rappellera, encore bien longtemps après, l'âme du moment.

À CŒUR DE JOUR

Ce réflexe de photographier les détails du décor rend aussi de grands services quand la lumière n'est pas adéquate. En voyage comme partout, la plus belle lumière est celle du matin et de la fin de l'après-midi. Par contre, on voit toute la journée des choses que l'on a envie de photographier, et devant lesquelles on ne va plus repasser une fois que le soleil commencera à décliner. Un vignoble pris sous le soleil de midi ne gardera pas beaucoup de son ambiance une fois pris en photo. Alors qu'un mur de raisins bleus à l'ombre d'un portail pourrait faire une magnifique image. Ce n'est pas la lumière qui change, c'est l'œil du photographe. Ces milliers de chemins de traverse recèlent des surprises qui font la beauté du voyage.

DE DEUX CHOSES L'UNE

La terre ou la mer? On a tous dans nos tiroirs des dizaines de photos de paysages où la ligne d'horizon reste coincée, d'une photo à l'autre, au milieu de l'image. Cette manie de couper le paysage en deux parts égales vient de la même peste qui nous commande de tout centrer. Un paysage sera plus intéressant s'il est divisé en deux portions inégales d'un tiers et deux tiers. C'est injuste, mais il faut faire un choix entre la terre et la mer.

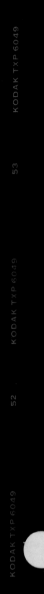

CARNET TECHNIQUE SUR LES ARCHIVES

CLASSER, RETOUCHER, IMPRIMER, CONSERVER

LES LOGIQUES NUMÉRIQUE ET ARGENTIQUE

Alors que l'on conservait soigneusement les photos argentiques, le plus souvent dans des albums ou des boîtes, l'archivage numérique subit le désintérêt le plus complet. Pour tout dire, le classement des photos numériques a, pour la plupart d'entre nous, plus à voir avec l'accumulation des photos dans l'ordinateur qu'avec le véritable archivage. Cette façon de faire condamne nos images à brève échéance : celles-ci se retrouvent tantôt dans la corbeille, tantôt dans les limbes informatiques, là où gisent les cartes mères défectueuses et la multitude de fichiers que «l'ordinateur» a perdus. Tous s'entendent pour reconnaître que leur système d'archivage est inefficace, sans pourtant savoir comment l'améliorer. Il serait tentant de proposer une formule simple et facile à suivre, mais actuellement, aucune méthode de sauvegarde numérique n'est simple, si on la souhaite infaillible. L'important, c'est de trouver un système, celui qui nous convient, qui permettra non seulement de conserver nos images plusieurs années, mais aussi de pouvoir les retrouver rapidement, au besoin.

À l'heure actuelle, la conservation des données numériques repose sur des supports matériels et informatiques en constante évolution. Nul ne peut affirmer que nous connaissons maintenant une façon définitive de sauvegarder ce type de fichiers : il n'y a pas si longtemps, les disquettes faisaient bien le travail, jusqu'à ce qu'elles soient supplantées par les cédéroms, puis les CD, et enfin les DVD. Alors qu'on ne peut prévoir l'évolution des supports, et même des logiciels de classement, on peut s'en remettre à une «logique numérique» qui, en ce qui concerne le classement des photos, a encore beaucoup à voir dans les faits avec la logique argentique.

La logique argentique compte déjà dans ses rangs beaucoup d'indisciplinés qui empilent leurs photos pêle-mêle dans des boîtes à chaussures. Par contre, l'argentique oblige à une chose : imprimer ses photos. L'habitude de classer des documents matériels nous incite à un rangement plus systématique. Il est facile de monter un grand classeur rempli de chemises titrées et datées où les impressions et les négatifs sont rangés ensemble. Les photos sont rassemblées par événements, par noms de personnes ou par types d'images : «VOYAGES», «FLEURS ET JARDINS», «ARCHITECTURE», par exemple. Chacune de ces grandes familles est ensuite subdivisée en sous-catégories : «Jardins de Métis 1999», «Jardins de Versailles 2003», ou encore «Marie, été 2005», «Catherine 6ᵉ anniversaire, 1986», etc. Cette façon de classer les fichiers dans une arborescence faite de dossiers et sous-dossiers s'applique aussi à tous les documents numériques – fichier texte, musique ou photo. Ce type de système, en plus de permettre de retrouver ce que l'on cherche, vise la conservation à long terme – 10 ans, 20 ans, 30 ans – des photos. Voir loin devant, c'est un pli que le numérique ne nous a pas encore fait prendre.

L'ARCHIVAGE

Les archives idéales n'existent toujours pas. C'était vrai le jour de l'incendie de la grande bibliothèque d'Alexandrie et ça reste vrai aujourd'hui. L'illusion de notre époque est d'avoir une solution à tous les défis posés par la vie pratique, mais il faut la prendre pour ce qu'elle est : une illusion. Il n'existe à ce jour aucun procédé d'archivage des documents numériques qui ne demande pas un minimum d'investissement en temps et en patience, et qui soit immuable pour les cinq prochaines années. La méthode proposée ici n'a donc pas réponse à tout, mais donne des repères qui pourront encore servir dans le futur. La plupart des gens ont un appareil numérique depuis un, trois ou quatre ans. Ils entendent les mots «banque d'images» et s'imaginent une photothèque qui rassemble des milliers d'images. C'est le cas de certaines banques. Mais considérez que 50 photos constituent déjà une banque d'images; c'est une petite banque, mais une banque quand même. Même si le besoin d'un système de classement à grande échelle ne s'est pas encore fait sentir, d'ici quelques années à peine, un photographe numérique très occasionnel aura accumulé une quantité impressionnante d'images.

Le premier aspect dont il faut tenir compte, c'est que l'archivage des données numériques doit être à la fois informatique et physique. La banque informatique vous permet d'avoir accès aux photos rapidement, une fois qu'elles sont classées. La banque physique, incontournable, permet d'assurer la pérennité des images et de les protéger des imprévus (prévisibles) de l'informatique. On reviendra à ces deux types d'archives un peu plus loin. Mais on peut retenir que l'erreur la plus courante est de conserver ses photos numériques sur le disque dur principal de son ordinateur.

L'ÉQUIPEMENT DE BASE

La gestion d'une banque d'images numériques, peu importe le type de logiciel employé, demande en principe un graveur CD, un graveur DVD, un ou deux disques durs externes. Le disque dur de l'ordinateur ne sert qu'à la sauvegarde temporaire des images : un virus, une erreur humaine, une défaillance technique ou n'importe quelle anicroche peuvent faire disparaître 10 ans d'histoire familiale en un rien de temps. Un café est si vite renversé sur un ordinateur portable. Un lecteur MP3 peut aussi servir de support de dépannage, mais il n'est pas recommandé d'y conserver une grande quantité d'images à long terme, parce que ce type de support est aussi plus fragile que les autres.

LE TRANSFERT

La bête noire du transfert : Accumuler trop d'images ou des images qui viennent de prises de vue différentes dans la carte mémoire de l'appareil photo.

Une solution immédiate : Transférer les images au fur et à mesure des prises de vue, au moins toutes les deux semaines. N'attendez surtout pas d'avoir rempli la carte mémoire.

Pour commencer une banque du bon pied, suivez les étapes ci-dessous, qui restent les mêmes, peu importe le logiciel que vous aurez choisi.

1. Créez sur le bureau un nouveau dossier pour la prise de vue que vous souhaitez télécharger et nommez-le. Préférez les noms les plus simples et les plus clairs.

2. Transférez toutes les photos dans ce dossier. Selon que vous ayez formaté votre carte mémoire ou pas, et selon votre type d'appareil, vous pourrez enregistrer vos images en RAW ou en JPEG : visez toujours la plus haute qualité possible. Pour les détails au sujet du formatage de la carte mémoire et des particularités des formats RAW et JPEG, voir la p. 117. N'oubliez pas de formater à nouveau la carte mémoire au moment de la remettre dans l'appareil, ce qui revient à l'effacer.

3. Une fois que les images sont transférées, faites un tri : jetez les photos manquées, inutilisables ou prises en double. Ce tri de base va simplifier le classement. Si vous n'avez pas le temps de classer vos photos, gravez tout sur CD. Il sera toujours temps, plus tard, de les reclasser.

4. Vos photos sont encore, à cette étape, identifiées par des numéros : remplacez-les par des titres descriptifs courts.

5. Gravez un CD. À chaque retour de vacances, d'une fête d'enfant, d'une soirée, d'une séance de photos pour le plaisir, on devrait transférer les images sur l'ordinateur et graver un CD, même si l'on n'en a que quelques-unes. Ne laissez pas un fichier sur le bureau sans l'avoir gravé. Le CD ne sera sans doute pas rempli, c'est vrai, mais disposer d'un CD par prise de vue va faciliter le classement et l'archivage.

COMMENT NOMMER LES DOSSIERS

Les photos numériques viennent au monde avec un numéro de matricule plutôt qu'un nom. 1234567.jpg n'est ni personnel ni reconnaissable dans la foule des autres images qui peupleront votre banque d'images. Ces photos numérotées sont ensuite placées dans un dossier nommé « photos_mathieu », et s'y empilent par dizaines. Dans le temps de le dire, vous avez sonné l'arrêt de mort de votre intention d'archivage. Les noms donnés à vos dossiers sont cruciaux et posent les assises de votre banque d'images en devenir. Contrairement à ce que nous commandent nos réflexes, les dossiers ne devraient pas être nommés au gré des occasions, mais faire partie d'un tout organisé et planifié. Avant même de commencer à créer des subdivisions, on devrait donc prendre quelques minutes pour se demander quels types de photos s'y retrouveront. Des projets artistiques ? Des paysages de campagne ? Des photos d'insectes ? De voyage ? Souhaitez-vous les classer par activités : ski, bricolage, voile ? Par noms, ceux de vos enfants, de vos amis ? Ou encore de manière chronologique, en commençant par la date « 2007_noël » ou « 2007_04_fête_catherine ».

Chacun photographie des choses différentes. Par contre, chaque photographe a des thèmes qui lui sont propres. Ceux-ci formeront la base de la nomenclature de ses dossiers. Vous pouvez classer vos photos selon quelques grandes catégories (famille, amis, voyages, etc.) ou les diviser par événements ou par noms de personnes. Dans tous les cas, et ils sont illimités, commencez large et finissez pointu. L'arborescence de la banque d'images devrait se préciser au fur et à mesure de ses ramifications : « fleurs > fleurs_rouges > fleurs_rouges_7petales », etc.

Toutes les photos de votre fille Catherine ne peuvent pas être bien classées si elles sont toutes dans un seul dossier « catherine ». Il y aura un premier dossier général nommé « catherine ». Celui-ci sera ensuite subdivisé à son tour en « cath_ski » pour les photos que vous faites d'elle lors des compétitions, « cath_fetes », où vous mettrez toutes les photos de ses anniversaires. Ce fichier sera ensuite divisé à nouveau en « cath_fete_2007 », « cath_fete_2006 », « cath_fete_2005 », etc. Le seul truc qui tienne la route, c'est d'être systématique. On se méfie à tort du nombre de dossiers : plus il y en a, mieux sont classées les photos, pour autant que ces subdivisions soient représentatives des photos que vous prenez et que de nouvelles catégories ou subdivisions soient ajoutées au fur et à mesure des transferts. Et pour simplifier l'indexation éventuelle dans un logiciel de gestion de banques d'images, les noms des dossiers et des fichiers ne devraient pas dépasser sept mots.

Là où l'archivage se corse, c'est quand le photographe prend des photos ici et là, sans raison précise, ou pour suivre un des conseils du présent livre, et fait une photo par jour. Les transferts auront dans ce cas une drôle d'allure : chaque image pourrait alors se rapporter à un dossier différent. Dans ce cas, prévoyez un autre type d'arborescence : créez un dossier « une_photo_par_jour », subdivisez-le en mois ou en sujets, si c'est possible. Il sera plus difficile de graver un CD à chaque transfert, mais prenez l'habitude de graver le résultat d'un mois de travail, ou d'un sujet donné quand le dossier contiendra 50 photos, par exemple.

Il est, vous le constatez, extrêmement difficile de conseiller une méthode précise. La seule méthode qui vous conviendra sera celle qui tiendra compte de toutes les possibilités, et qui sera déterminée à l'avance, et non improvisée au fur et à mesure.

NOTES TECHNIQUES SUR LE TRANSFERT

1. Une fois transférées, les images devraient être sauvegardées dans la plus haute résolution possible. À partir de 300 dpi, une image est en haute résolution. Les dpi (*dots per inch*) expriment le rapport entre le nombre de pixels (ou points) et la taille réelle de l'image en pouces (1 po équivaut à 2,54 cm). Par exemple, dans une image à 72 dpi, il y a 72 points par pouce, alors que dans une image à 300 dpi, il y a 300 points par pouce. Un chiffre élevé correspond à une résolution élevée. Cette information est très importante au moment de l'impression : plus la définition est bonne, plus l'image pourra être imprimée en grand format. Par contre, les images en haute résolution prennent plus de place sur le disque dur de l'ordinateur et voyagent mal par courriel. L'important est donc de viser l'équilibre entre la résolution des images et les formats d'impression les plus courants, soit 4 x 6 po (10,14 x 15,24 cm), 8 x 10 po (20,32 x 25,4 cm) et 11 x 14 po (27,94 x 35,56 cm). Sauvegarder les images à 300 dpi dans ces formats standards permet des impressions de bonne qualité, sans encombrer l'ordinateur pour rien.

2. La plupart des appareils compacts sauvegardent les images dans des fichiers compressés en JPEG (pour certains, ce sont plutôt des formats TIFF non compressés). Les JPEG, contrairement aux fichiers RAW des appareil reflex, perdent une génération, c'est-à-dire un peu de leur qualité, chaque fois qu'ils sont sauvegardés de nouveau. On évite donc de les dupliquer pour rien. Par contre, le fait de les ouvrir ou de les refermer, ou de les envoyer par courriel ne les détériore pas.

3. Gravez toujours les fichiers originaux, qu'ils soient en JPEG, TIFF ou RAW. Notez que les formats non compressés (TIFF et RAW) sont plus lourds que les JPEG et s'envoient mal par courriel. Les JPEG sont les fichiers les plus communs, ceux que la plupart des gens utilisent. Si votre appareil produit des images en TIFF ou en RAW, faites-en des copies JPEG pour envoyer aux amis, à la retouche ou au service d'impression.

LE CLASSEMENT

La bête noire du classement : Accumuler les photos dans l'ordinateur sans les organiser dans un système d'archives physique.

Une solution immédiate : Obéir à la règle « un événement, un CD ».

Une banque d'images informatique, on ne se prive pas de le répéter, n'est jamais à l'abri d'un bris, d'un virus ou d'une erreur humaine. L'informatique n'offre aucune garantie. C'est pour cette raison que toutes les photos doivent être imprimées ou conservées sur un support matériel, soit un CD ou un DVD. Cette façon de faire demande du temps, opposerez-vous. Vous avez raison. Mais en réalité, tous les systèmes demandent du temps. Rappelez-vous des après-midi passés à classer les photos argentiques, il n'y a pas si longtemps. Les photos classées à la va-vite demandent un temps fou quand on cherche une photo précise ; les systèmes informatiques avec disques durs externes demandent quant à eux des sauvegardes fréquentes et ne sont pas infaillibles. Passé une certaine durée, les disques durs externes connaissent des ratés et peuvent corrompre les fichiers qui leur sont confiés. Ce type d'archivage doit donc s'appuyer sur deux disques durs, et cette gestion demande elle aussi du temps. Un système physique exige quant à lui la discipline et le temps qu'on met à graver et à classer les CD, les DVD et les impressions, mais il reste qu'en matière de conservation des données numériques, c'est encore ce qui se fait de plus fiable. Sans compter que si vous gravez les prises de vue au fur et à mesure, il sera beaucoup plus facile de changer d'ordinateur, ce qui risque de vous arriver à quelques reprises en cours de route. Dix ans, même juste cinq ans de photos, ça fait beaucoup de données à graver d'un seul coup.

Pour le rangement de la banque physique, il y a plusieurs options : on peut classer les CD et les DVD dans des cartables ou les placer dans des chemises, avec les impressions, comme on le fait avec les photos argentiques. Dans les deux cas, une planche-contact des images que chaque CD contient permettra de retracer les photos plus facilement. Ce classement physique peut suivre les mêmes noms de catégories et de sous-catégories que le classement informatique, de façon que la correspondance entre les deux se fasse sans problème. Prenez soin de monter un système de classement des CD et DVD. Beaucoup d'entre nous ont déjà pris l'habitude de graver un CD à chacune des prises de vue, pour mieux les perdre ensuite.

Une fois que vous avez commencé une banque d'images dans un logiciel donné et que vous en atteignez la capacité maximale, il est déjà trop tard pour transférer à nouveau vos photos dans un logiciel de gestion de banque d'images plus performant. Il existe deux grands types de logiciels : les logiciels de classement et de partage (comme iPhoto et Picasa) qui servent à organiser les petites banques d'images, soit quelques centaines de photos tout au plus, et les logiciels de gestion de banques d'images (Cumulus, PortFolio et iView, par exemple), qui constituent un système d'archivage et d'indexation beaucoup plus approfondi. L'archivage à long terme est mieux servi par ce dernier type de logiciels, bien que ceux-ci soient plus complexes à gérer. Si l'on connaît peu ou pas les logiciels de gestion de banque d'images, c'est qu'ils étaient réservés, jusqu'à tout récemment, aux professionnels, à cause surtout de leur prix élevé, soit plusieurs milliers de dollars. Certains se vendent aujourd'hui à 40 $. Et sans être la solution à tous les maux numériques – monter de telles banques d'images demande beaucoup de travail au départ –, c'est encore ce qui se fait de plus prometteur pour la conservation à long terme des photos numériques.

Ces logiciels de gestion de banques d'images découragent plusieurs photographes à cause de leur système d'indexation par mots clés, qui peut s'avérer complexe à monter. Par contre, une fois mis en place, ces systèmes sont ceux qui permettent de gérer le rapport entre la banque informatique et la banque physique le plus facilement. Pour comprendre la structure et le fonctionnement des logiciels de gestion de banques d'images, il faut prendre en compte la durée de vie des supports numériques physiques, soit les CD ou les DVD. Un CD a une durée de vie de trois ans, après quoi il doit être regravé sur un nouveau support. La logique numérique commande de regraver à leur date d'échéance les CD par 10 sur un DVD, dont la durée de vie est de cinq ans. Ce n'est qu'une question de temps avant qu'un nouveau support numérique plus logeable que le DVD soit mis sur le marché. D'ici là, les DVD devront être regravés sur un DVD neuf tous les cinq ans. Ensuite, les DVD périmés seront rassemblés à leur tour sur un nouveau support quand leur durée de vie sera dépassée, et ainsi de suite. Qui sait où nous en serons dans une, deux ou trois décennies. Imaginez aussi la difficulté de retrouver la photo du gâteau de fête de Catherine en 2006.

Revenons maintenant aux logiciels de gestion de banque d'images. Ceux-ci gardent non seulement le fil des sauvegardes successives des CD, mais conservent en mémoire la date où ceux-ci doivent être regravés et nous en avertissent. Il est facile de surveiller les dates de péremption de 25 CD. Mais quand votre banque physique aura dépassé les 100 CD, ce qui arrivera beaucoup plus vite que prévu, il deviendra très difficile de tenir cette banque à jour.

Un logiciel de gestion de banque d'images ouvre donc beaucoup plus de possibilités qu'un outil de visionnement ou de classement : il fait le lien entre la banque informatique et la banque physique et permet de retracer une image donnée des années plus tard. Même s'il est plus long à mettre en place, il assure une plus grande durée de vie à vos images. En faisant des sauvegardes fréquentes du logiciel complet sur un disque dur externe, la banque d'images est en sécurité et peut être transférée sur un ordinateur neuf. En revanche, beaucoup de photographes ne se donneront pas tout ce mal : monter une banque d'images n'est pas une partie de plaisir, je vous l'accorde. Il reste alors une seule autre option viable, à mon sens : une banque entièrement physique, où toutes les prises de vue sont gravées sur CD et consignées avec leur planche-contact dans un grand cahier à reliure, ou encore avec leur planche-contact et leurs impressions dans un classeur consacré à cet usage.

NOTES TECHNIQUES SUR LE CLASSEMENT

1. Les CD destinés à un logiciel de gestion de banque d'images doivent être numérotés (CD 1, CD 2, etc.). Quand vous en avez quelques-uns, ils sont classés dans la banque par numéro : c'est à ce moment que vous écrivez le titre à côté du numéro.

2. Si vous n'avez pas le temps d'entrer les CD dans le logiciel de gestion de banque d'images immédiatement après avoir transféré et gravé vos photos, ce n'est pas grave : l'important, c'est que chaque dossier soit tout de suite gravé sur un CD, numéroté et daté.

3. Si vous n'utilisez pas un logiciel de gestion de banque d'images, la meilleure façon de nommer les CD est de leur donner le même nom que le dossier informatique correspondant et d'établir un index, de façon à garder le fil. Cet index doit être mis à jour à chaque nouvel ajout, de même qu'au moment du groupement de différents CD sur un même DVD.

LA RETOUCHE

La bête noire de la retouche : Le temps à investir.

Une solution immédiate : Ne pas faire ses retouches soi-même.

La photo numérique a ceci d'attrayant qu'elle permet de retoucher ses images beaucoup plus facilement que l'argentique. Plusieurs obstacles peuvent se dresser entre votre appareil et les photos réussies. Parfois, c'est un détail facile à corriger, comme des yeux rouges ou un cadre trop large ; d'autres fois, c'est un problème plus important qui met en péril une image. Jouer avec des filtres, des effets et des cadres est à la portée de tous. En revanche, réparer une image surexposée ou sous-exposée, préciser un cliché flou, redresser une photo prise en contre-plongée, ajuster les blancs et régler la température couleur, pour ne nommer que quelques-uns des maux les plus courants, demandent un certain savoir-faire et beaucoup, beaucoup de temps. L'exercice de la retouche, que l'on associe à tort à la seule maîtrise d'un logiciel, ne réussit pas à tout le monde.

Par ailleurs, les logiciels de retouche, Photoshop en tête, sont souvent complexes. Même dans une version simplifiée, ce type de logiciel devient souvent exaspérant quand on ne le connaît pas bien. Or, ces quelques mises en garde ne suffiront sans doute pas à décourager les plus enthousiastes. L'autre raison de se méfier de la retouche, c'est qu'elle ne se limite pas à la connaissance technique. Elle obéit à des principes plutôt occultes, comme le dosage et l'harmonie. Force est d'admettre que le résultat des retouches faites soi-même correspond rarement à l'idée que l'on avait en tête au départ. En résumé, apprendre à maîtriser la retouche, tant ses aspects techniques qu'artistiques, exige trop de temps en proportion de celui dont la plupart d'entre nous disposent pour faire de la photo.

Il ne suffit pas qu'une image ait un défaut pour qu'elle soit retouchée : aucune correction, aussi maîtrisée soit-elle, ne viendra à bout d'une image qui n'a pas le moindre sursaut de vie. Une photo réussie dépend d'abord de la prise de vue. Si, parfois, la retouche parvient à régler des détails comme recadrer, ajuster les couleurs, corriger les yeux rouges ou transférer la couleur en noir et blanc ou en sépia, elle vient d'autres fois à la rescousse d'imprévus de la prise de vue. Il arrive que la lumière, la composition ou un défaut dans le visage du sujet, comme un bouton, justifient de « réparer une photo ». Le noir et blanc, soit dit en passant, est un excellent raccourci à la retouche. Il vient à bout, entre autres, des vêtements mal coordonnés, d'un teint inégal ou d'un sujet qui, pour une raison ou une autre, détonne du fond. Comme on l'a dit, quand l'émotion est bonne, qu'il se passe quelque chose dans les yeux du sujet ou entre deux personnes, on appuie sur le déclencheur. Or, quand l'œil du photographe est occupé ailleurs, il lui arrive de laisser passer des énormités. Votre mère vient par exemple d'être photographiée avec deux bois d'orignal, ceux du trophée du grand-oncle à l'arrière-plan, de chaque côté de la tête. Dans un cas comme celui-là, la retouche s'impose.

Pour ce genre de travaux, plus fins et sophistiqués, mieux vaut s'en remettre à des laboratoires spécialisés. Les recadrages et les corrections de couleurs peuvent bien sûr être faits chez soi : plusieurs logiciels très simples permettent de les effectuer. Mais dès que le niveau de difficulté augmente, ne serait-ce que d'un cran, on devrait s'en remettre aux experts. Le meilleur moyen d'obtenir des retouches de qualité, c'est encore de s'adresser à un laboratoire photo, qu'il soit commercial ou professionnel. Préparer une demande de retouches en ligne demande quelques minutes. Au Québec, les laboratoires rappellent toujours ensuite pour vérifier la commande. Les photos sont prêtes très vite et peuvent vous être envoyées par la poste, sans que vous ayez à vous déplacer. Pour ce qui est des laboratoires professionnels, il faut toutefois se présenter au comptoir pour faire une demande de retouches ; ceux-ci n'acceptent pas les demandes en ligne.

En portrait, le dosage de la retouche est important. Si la retouche est exagérée, elle donne un aspect désincarné ou irréel au sujet. La culture populaire, les photos de mode et la pub surtout nous habituent à des images retouchées, parfois à l'excès. En portrait, la retouche devrait se limiter à effacer seulement de légères imperfections : une tache ou un bouton sur la peau, une mèche rebelle, des dents pas tout à fait blanches. Les traits distinctifs du sujet, comme un grain de beauté ou une fossette, devraient toujours être laissés sur la photo.

L'IMPRESSION

La bête noire de l'impression : Laisser ses images dans l'ordinateur et ne plus les imprimer.

Une solution immédiate : Faire imprimer les prises de vue au fur et à mesure et demander une planche-contact de chaque prise de vue. Une planche-contact est un tirage qui rassemble dans une page toutes les photos d'une série.

Alors que la conservation des photos argentiques avait pour première exigence le développement des films, le numérique nous a fait perdre l'habitude d'imprimer les photos. Pourtant, le plaisir de les regarder reste le même, toujours intact, et encore plus vif sur papier ou dans un album qu'à l'écran. De plus, l'impression des images peut s'avérer très utile pour l'archivage. Les adeptes de l'impression (il y en a quand même quelques-uns) se divisent en deux clans : le clan des impressions maison et celui des impressions en laboratoire, commandées en ligne ou en personne.

Les impressions maison ont l'avantage d'être immédiates. Il existe sur le marché un grand nombre d'imprimantes couleur et une renversante variété de papiers photo. En revanche, imprimer une image à la maison n'est pas aussi simple qu'on le dit. Les impressions maison cumulent plusieurs inconvénients importants : c'est en grande partie leur faute si l'on a perdu l'habitude de tirer ses photos. D'abord, les encres et le papier photo coûtent cher, ce qui augmente largement le coût abordable de certaines imprimantes. On choisit donc par souci d'économie d'imprimer un minimum d'images et les encres peu utilisées sèchent très vite. Le prix élevé des impressions maison fait qu'on n'imprime plus tellement de photos pour les autres (on les envoie plutôt par courriel) et encore moins pour les albums, qui comptent plusieurs dizaines d'images et feraient exploser le budget des impressions. Par ailleurs, pour imprimer une image, il faut faire au préalable des tests de couleur, de format, en plus de calibrer chaque photo. Ces opérations prennent du temps, usent la patience et gaspillent du papier. À moins d'avoir l'habitude des différentes manœuvres qui mènent à l'impression et d'avoir une imprimante ultraperformante, l'expérience de l'impression maison se révèle bien souvent décevante. L'excitation des premiers jours fait vite place au désintérêt, surtout que la qualité du résultat est souvent bien en deçà de celle des impressions en laboratoire. Pour finir, les impressions maison, en fonction de la qualité des encres et du papier, peuvent souffrir d'une durée de vie très courte et se détériorer rapidement.

Les impressions faites en laboratoire ont en contrepartie une meilleure qualité photographique et coûtent beaucoup moins cher. Ce sont leurs deux principaux avantages, en plus de redonner envie de faire imprimer ses images, de les classer et de les conserver comme on le faisait avec les tirages argentiques, d'en faire des copies pour ses proches et de les monter dans des albums souvenirs. De plus, l'impression en laboratoire permet de faire tirer ses photos dans une variété de formats, pour le portefeuille par exemple ou en 4 x 6 po (10,14 x 15,24 cm) jusqu'à 11 x 14 po (27,94 x 35,56 cm), et même parfois plus, pour ce qui est des laboratoires commerciaux. Les labos professionnels s'occupent quant à eux des impressions à partir d'un format 8 x 10 po (20,32 x 25,4 cm) et plus. Un laboratoire professionnel n'a comme seule limite, pratiquement, que la résolution de l'image d'origine.

Une fois que les photos sont transférées sur l'ordinateur et que le premier tri a été fait (on a jeté les photos manquées, inutilisables ou prises en double), on devrait donc systématiquement envoyer toutes les images à l'impression et demander une planche-contact. Celle-ci sera très utile au moment de l'archivage, puisqu'au lieu d'ouvrir les CD un à un pour voir les images qu'ils contiennent, il sera possible de se référer aux planches-contact pour voir quelles photos s'y trouvent. Vous pouvez aussi choisir de faire une deuxième sélection et n'imprimer que les photos que vous souhaitez partager ou mettre dans les albums.

LES ALBUMS PHOTOS NUMÉRIQUES

La bête noire de l'album photos : On n'imprime plus ses photos, alors c'est dire à quel point les albums sont loin dans la liste des priorités.

Une solution immédiate : Faire affaire avec les services d'albums en ligne.

L'album photos est un objet chargé d'histoire et de souvenirs. Il veille sur la mémoire et la pousse à faire son travail sans bâcler. Il consigne les époques et les événements dans ce qui en fait l'anecdote et l'immortalité : les détails. Feuilleter un album est une expérience. Page après page, on parcourt un début, un milieu, une fin. On se laisse prendre au jeu de la montée narrative, émotive. Son intensité le rapproche même d'un livre ou d'un film. Pourtant, peu de gens prennent encore le temps de monter des albums. Ceux-ci peuvent se construire autour d'un thème, d'un membre de la famille, d'une saison ou d'un événement. Mais les albums ne sont pas non plus réservés à la seule documentation de la vie : les projets artistiques y trouvent aussi leur place. L'album devient alors un lieu d'exposition. Chaque fois qu'une main nouvelle en tourne la première page, c'est comme si un visiteur passait la porte d'une galerie un soir de vernissage.

Les albums numériques sont de deux sortes : ceux que l'on monte à l'ancienne à partir de ses photos imprimées et ceux que l'on construit en ligne. Pour monter un album traditionnel, il suffit de faire imprimer ses photos, dans des formats qui peuvent varier selon la mise en page souhaitée, et de les placer ensuite dans un album, dans l'ordre voulu. Pour monter un album en ligne, cependant, la méthode est différente.

Les services d'albums en ligne mettent à la disposition des photographes un logiciel de préparation d'albums qui permet de modifier le cadrage des images, de les transférer en noir et blanc ou en sépia, de les classer dans l'ordre qu'on aura déterminé et d'ajuster leur disposition dans chacune des pages de l'album. Les images doivent avoir été retouchées au préalable et les couleurs et les contrastes ajustées. L'album vous est ensuite retourné. Vous pouvez en commander autant d'exemplaires que vous le désirez. Notez cependant que la qualité des albums varie selon le fournisseur choisi.

Dans les deux cas, celui de l'album traditionnel ou numérique, on peut mêler les photos numériques et argentiques. Pour l'album numérique, il suffit de faire numériser ses photos argentiques au préalable. À cet effet, utilisez les négatifs des photos argentiques, plutôt que les tirages, qui sont de moindre qualité. À moins d'avoir accès à un scanneur performant, il est aussi suggéré de s'en remettre aux bons soins d'un laboratoire photo pour la numérisation des négatifs argentiques.

Pour retrouver l'habitude de monter des albums, il est souhaitable, dès le transfert des images de l'appareil photo à l'ordinateur, de choisir quelques photos et de les réserver à un album. Si l'on remet ce tri à plus tard, il y a fort à parier que même la meilleure des volontés va finir par se dégonfler. Ce n'est pas tant une question de discipline que de vitesse d'acquisition des images : celles-ci s'empilent à une vitesse folle et si l'on ne leur montre pas dès le départ qui est le chef, elles auront vite raison de votre autorité.

LES FOURNISSEURS, LES ADRESSES ET LES CONSEILS

Qu'il s'agisse de transfert, de classement, de retouche, d'impression ou d'albums, il existe un nombre important de produits et services et le choix dépend d'abord de l'usage que l'on en fait. Cette section s'attarde donc plutôt aux principes généraux de l'archivage, à ce qu'on appelle ici la « logique numérique ».

Pour connaître mes recommandations de produits et services, référez-vous plutôt à l'adresse suivante : **lafacecacheeduportrait.com**

REMERCIEMENTS

Merci, merci, merci.

Gilles, qui m'a poussée à faire ce livre.

Charlotte et William, que je vois grandir avec bonheur et qui m'inspirent dans tout ce que je fais.

Maude, leur grande sœur qui, malgré la distance, est présente dans nos cœurs.

Sophie, qui a su traduire en mots mes pensées et mes secrets. Merci de m'avoir fait connaître la grâce de les voir s'animer sur les pages.

Camille, de m'avoir prise sous son aile de tant de façons.

Patrick, qui a cru en ce projet et m'a si bien accompagnée dans l'univers de l'édition.

Maxime, mon bras droit, qui sait se rendre indispensable.

Chantale, pour son aide dans la coordination du livre.

Louise, archiviste hors pair et collaboratrice du premier jour.

Joanne, Louis et René de Paprika, parce que tout ce qu'ils touchent devient beau.

Ruth et Fernand, qui ont toujours cru en moi.

Robert, mon oncle, pour l'achat de mon premier appareil, au Japon.

Maman, de m'avoir appris l'acharnement et le perfectionnisme.

Merci à Raymond Cantin, Gilles Chouinard, Josée di Stasio, Étienne Gauthier, Michel Langevin, Louise Loiselle, Frédéric Metz, Danièle Perron, Jacques Robert et Francis Tremblay pour leurs précieux conseils.

Je ne peux faire autrement que remercier mes fidèles collaborateurs : stylistes, maquilleurs, coiffeurs, assistants, retoucheurs, laboratoires photos qui ont tous contribué par leur savoir-faire à la réussite de mes portraits.

Merci aux directeurs artistiques de m'avoir confié leurs projets.

Merci à l'industrie de l'édition de m'avoir laissé le champ libre et de m'avoir fait connaître des personnalités hors du commun.

Merci à toutes les personnes qui ont travaillé à la réalisation de ce livre.

Merci, enfin, à tous ceux que j'ai photographiés de leur confiance et de leur générosité.

Vous êtes encore là? Qu'attendez-vous pour aller faire des photos?